PUBLICATIONS DE L'ÉCOLE DES LETTRES D'ALGER

BULLETIN DE CORRESPONDANCE AFRICAINE

LE DJEBEL NEFOUSA

TRANSCRIPTION, TRADUCTION FRANÇAISE ET NOTES

AVEC

UNE ÉTUDE GRAMMATICALE

PAR

A. DE CALASSANTI-MOTYLINSKI

PARIS

ERNEST LEROUX, ÉDITEUR

1898

PUBLICATIONS DE L'ÉCOLE DES LETTRES D'ALGER

BULLETIN DE CORRESPONDANCE AFRICAINE

XXII

LE DJEBEL NEFOUSA

ANGERS. — IMPRIMERIE A. BURDIN
SECTION ORIENTALE DE L'IMPRIMERIE CAMIS ET Cie, A PARIS

LE DJEBEL NEFOUSA

TRANSCRIPTION, TRADUCTION FRANÇAISE ET NOTES

AVEC

UNE ÉTUDE GRAMMATICALE

PAR

A. DE CALASSANTI-MOTYLINSKI

PROFESSEUR A LA CHAIRE D'ARABE DE CONSTANTINE

DIRECTEUR DE LA MEDRESA

PARIS

ERNEST LEROUX, ÉDITEUR

28, RUE BONAPARTE, 28

1898

PRÉFACE

Dans un rapport adressé de Mélika, le 23 mars 1885, à M. le Gouverneur général de l'Algérie (*Bulletin de Correspondance africaine*, 1885, fasc. I-II, p. 189), M. René Basset, aujourd'hui Directeur de l'École supérieure des Lettres d'Alger, exprimait le regret de n'avoir pu, en raison de la durée limitée de sa mission, étudier, à son passage au Mzab, le dialecte berbère des Nefousa, ce que rendait possible la présence à Ghardaïa d'un indigène originaire de ce pays. Il ajoutait, en termes trop élogieux que je pourrais m'occuper après son départ de remplir ce desideratum.

J'ai donc profité de mon long séjour au Mzab pour mettre à contribution l'inépuisable obligeance de mon intelligent ami, Brahim ben Sliman Chemmakhi, et étudier avec lui le dialecte des Nefousa.

Après avoir recueilli un vocabulaire assez complet, j'engageai Brahim à rédiger sur la région encore peu connue du Djebel Nefousa une relation en berbère qui constituerait pour l'étude du dialecte parlé dans son pays un texte d'une certaine étendue. Cette relation a été publiée en caractères arabes en 1885 [1].

C'est la transcription et la traduction de ce texte berbère, dont j'avais annoncé un peu prématurément la publication, que je donne aujourd'hui. J'ai fait précéder ce travail d'un aperçu grammatical sur le dialecte des Nefousa, et j'y ai joint quelques notes historiques et biographiques, puisées pour la plupart dans les chroniques abadhites. D'accord avec l'auteur, j'ai fait subir quelques modifications de détail de peu d'importance. On ne sera donc pas étonné de ne pas trouver partout la transcription française en concordance parfaite avec la relation de 1885.

Je ne me fais pas d'illusion sur la valeur géographique de ce document. Pour lui donner un intérêt scientifique, il eût fallu pouvoir vérifier sur place les renseignements donnés par l'auteur indigène et dresser une carte de la région qu'il décrit. Tel qu'il est, je pense cependant qu'il pourra fournir quelques indications nouvelles aux personnes qui s'intéressent à la géographie africaine et à l'histoire encore obscure d'une secte qui a joué un rôle important. Il constitue surtout une contribution à l'étude de la langue berbère. Je souhaite que ce modeste travail puisse servir de point de départ à des recherches plus approfondies sur la géographie, l'his-

---

1. Jusqu'à présent, il n'a été publié sur le dialecte du Djebel Nefousa que huit fables dans le *Loqmân berbère* de M. René Basset, Paris, 1890, in-12, et un court vocabulaire compilé vers 1830-1831 et que M. Grimal de Guiraudon a fait paraître dans le *Journal of the Royal Asiatic Society*, octobre 1893 (*Dyebaily vocabulary*, p. 669-698).

toire et la langue d'une région voisine de nos posses-
sions, dont les habitants sont unis par un lien religieux
encore très solide à un groupe important de nos sujets
français.

A trois journées de marche au sud-ouest de Tripoli,
on rencontre le rebord du haut plateau tripolitain qui,
brusquement coupé, se dresse comme un immense étage
au dessus des terres basses de la Djefara et offre à
l'œil l'aspect d'une haute chaîne de montagnes. La
partie du versant qui porte le nom de Djebel Nefousa
commence au groupe d'oasis d'Ifren, se prolonge dans
une direction générale sud–ouest jusqu'au 9e degré de
longitude, s'infléchit en une courbe vers le nord-ouest
et se termine à Ouazzen, dernier k'çar des Nefousa [1].

Cette région, qui dépend du pachalik de Tripoli, est
partagée administrativement en trois *moudiriats* :

1° Ifren ;

2° Fosat'o ;

3° Lalout.

Chaque moudiriat se subdivise en plusieurs *aouf an*
ou territoires, comprenant chacun un certain nombre
de *k'çour* ou de tribus.

Les pentes abruptes de ce pays tourmenté et profon-
dément découpé par les eaux qui descendent vers la
Djefara sont habitées par des populations d'origine différente. Le groupe berbère, entièrement sédentaire, occupe
de nombreuses bourgades, bâties pour la plupart au

1. Ces indications générales sur la géographie du Djebel Nefousa sont
empruntées aux ouvrages de Duveyrier et Barth.

point culminant des berges qui dominent les vallées, et vit exclusivement de la culture des céréales et du produit des oliviers, des figuiers et des palmiers.

La population arabe est en partie sédentaire et occupe également un assez grand nombre de villages dans les trois moudiriats. Mais le plus souvent, les tribus qui la composent mènent la vie nomade, circulant successivement dans les vallées du Djebel, dans les solitudes du plateau ou dans les terres de la Djefara, et revenant seulement, à certaines époques de l'année, s'installer auprès des cultures ou renouveler dans les k'çour leurs approvisionnements confiés à la garde de quelques sédentaires.

Au point de vue religieux, les habitants du Djebel Nefousa forment aussi deux catégories. Les Arabes appartiennent au rite malékite. Quant aux Berbères, seuls dans l'Afrique septentrionale, avec les Beni-Mzab et les insulaires de Djerba, ils ont conservé l'hérésie abadhite que, sous ses formes différentes, les populations du Maghreb embrassèrent avec tant d'ardeur. Cette communauté de croyances a contribué à entretenir de fréquentes relations entre les abadhites de la Tripolitaine et leurs coreligionnaires du Mzab. Quelques jeunes t'olba des Nefousa viennent encore étudier à Beni-Isguen et à Ghardaïa les ouvrages où se trouvent développées les doctrines de la secte.

Grâce à leur position géographique et à leur indépendance relative, les Beni-Mzab ont pu maintenir plus intactes les traditions qui leur ont été léguées directement par les h'alk'as de l'Oued-Rir' et d'Ouargla.

Mais dans l'histoire militante de la secte, les Nefousa
ont joué le principal rôle. Leur pays a été le berceau
du ouahabisme en Afrique ; ils ont été d'abord vers l'est
les sentinelles avancées qui ont défendu l'indépendance
berbère contre les premières incursions arabes, puis
les principaux soutiens de la dynastie des Rostemides
et, pendant longtemps après la chute des souverains de
la Tahert abadhite, les conservateurs des pures doctrines
de la secte. « Cette religion, disait l'imâm Abd El-Ouahhâb
ben Abd Er-Rah'man ben Rostem, a triomphé par les
sabres des Nefousa et par les richesses des Mezata. »

Le Djebel Nefousa, plein de souvenirs vénérés et de
pieuses légendes, est encore considéré par nos Beni-
Mzab comme une région sainte ; il est toujours pour
eux le fort de l'abadhisme en Afrique. Les chroniques
abadhites nous ont du reste conservé sur les Nefousa
d'amples détails qui pourront permettre de reconstituer
l'histoire politique, religieuse et intime de cette puis-
sante tribu berbère.

CHAPITRE PREMIER

NOTES GRAMMATICALES
SUR LE DIALECTE BERBÈRE DU DJEBEL NEFOUSA

———

Le dialecte parlé par les Nefousa porte le nom de *temazir't* ou de *mazer'*. Les Berbères du Djebel s'appellent *Imazir'en*, au singulier *Mazer'* ou *Mazir'* qu'ils prononcent souvent *mazik'*. En l'état actuel des études berbères, il devient presque inutile de faire remarquer que *mazer'* est le même mot que l'*amaher'* ou *amacher'* des Touareg et que *temazir't*, *tama-cher't*, *tamachek'* et *tamahok'* ne sont que des modifications phonétiques d'une forme provenant de la même racine.

Le groupe d'Ifren constitue à la pointe orientale du Djebel Nefousa un élément étranger qui se distingue des vrais Ne-fousa par son type physique spécial et par des différences sensibles dans le dialecte qu'il parle.

La relation dont je donne la traduction, bien que composée par un t'aleb d'Ifren, a été rédigée dans le dialecte le plus commun du Djebel, celui des moudiriats de Fosat'o et de La-lout.

Le système de transcription adopté pour les mots berbères des notes grammaticales et le texte de la relation est celui du général Hanoteau.

Les Nefousa n'ont pas conservé les caractères de l'alphabet tamachek' que les Touareg emploient encore aujourd'hui. Ils se servent de l'arabe pour transcrire le berbère qu'ils parlent.

Ce dialecte, comme ceux de tous les groupes berbères qui ont subi le contact de la race arabe, a été assez fortement influencé dans son vocabulaire par la langue des conquérants. Les traces de cet envahissement sont cependant moins sensibles que dans les dialectes berbères de l'Algérie, parce qu'il ne s'est produit qu'à une époque relativement récente.

La remarque très juste que M. René Basset a faite au sujet du dialecte des Beni-Mzab, s'applique également à celui de leurs coreligionnaires abadhites, les Nefousa. La langue parlée dans le Djebel a été, longtemps encore après l'invasion arabe, une langue littéraire. L'*âk'ida* qui est la base de l'enseignement religieux chez les Beni-Mzab et leurs coreligionnaires de Djerba et des Nefousa a été rédigée primitivement en berbère, dans une langue qui devait être pour ainsi dire la langue officielle des frères de la secte abadhite, à l'époque brillante de l'imamat des Rostemides.

Les chroniques de la secte rappellent qu'un certain Abou Sahl dit El-Fâresi (le Persan), parce que sa mère était Rostemide, mais né dans le Djebel Nefousa, interprète de son oncle l'imâm Yousef pour le berbère, composa en cette langue douze livres de poésies ayant pour sujet des conseils et exhortations des souvenirs et récits historiques. Cet ouvrage, dit le *Siar* de Chemmâkhi, fut détruit en partie par les Noukkar, dissidents de la secte; le reste fut brûlé lors de l'incendie de la k'alâa des Beni-Derdjin. L'auteur ajoute qu'en recueillant ce que les gens savaient par cœur de ces poésies, on en fit encore un livre ayant vingt-quatre chapitres.

Je laisse à M. René Basset, aujourd'hui le maître des études berbères, le soin d'assigner une place parmi les dialectes connus à la langue des Nefousa.

Je me bornerai à relever les principales modifications phonétiques qui donnent à ce dialecte un caractère spécial, par comparaison avec celui des Zouaoua, pris comme étant, non pas le plus pur dans son vocabulaire, mais le plus délicat dans ses nuances.

§ 1. — Phonétique.

1er caractère. — Durcissement du ث *tha* en ت *ta*, du ذ *d'al* en د *dal*, du ض *dhad* en ط *t'a*.

tafounast, vache,	pour *thafounast*, des Zouaoua.	
tilefsa, vipère,	*thalefsa*	—
oudem, visage,	*oud'em*	—
dr'ar', pierre,	*ad'r'ar'*	—
irden, blé,	*ird'en*	—
at'ou, vent,	*adh'ou*	—
t'ar, pied,	*adhar*	—
it'an, chiens,	*idhan*	—
ajet'it', oiseau,	*ageddid*	—

2° caractère. — Substitution du ج *j* ou ج *dj* au ك *g* et du ش *ch* ou *tch* au ك *k*.

tirja, rêves,	pour *thirga*, des Zouaoua.	
ajellid, roi,	*agellid*	—
ajertil, natte,	*agerthil*	—
ajenna, ciel,	*igenni*	—
jetcha, demain,	*azekka*	—
netch ou *netch*, moi,	*nek*	—

Ces substitutions sont cependant moins fréquentes que dans le dialecte des Beni-Mzab auquel on peut les appliquer comme règle générale, n'ayant que très peu d'exceptions.

3° caractère. — Addition de la diphtongue *iou* à la fin d'un certain nombre de mots :

afriou, aile,	pour *ifer*, des Zouaoua.	
akniou, jumeau,	*iken*	—

4ᵉ *caractère*. — Suppression de la voyelle initiale ou prosthétique dans la plupart des noms masculins.

fis, hyène,		pour *iffis*,	des Zouaoua.
drar, montagne,		*ad'rar*	—
brid, chemin,		*abrid'*	—
goujil, orphelin,		*agoudjil*	—
r'ill, bras,		*ir'ill*	—
zaglou, joug,		*azaglou*	—
r'anim, roseau,		*ar'anim*	—

5ᵉ *caractère*. — Affaiblissement en *e* sourd de la voyelle *a* qui suit le *t* préfixe du féminin singulier et changement de la voyelle *i* qui suit le *t* préfixe du féminin pluriel :

temidelt, magasin.
tenzert, nez.
tekamourt, fenêtre.
tejartilet, natte en joncs.
tilefsa, vipère.
tebouchilin, filles.
tedriouin, épines.
tezouirin, cruches.
tezizouin, abeilles.
temira, barbes.
tenzar, nez.
terzaf, voyages.

6ᵉ *caractère*. — Substitution du son *ou* aux sons *a* et *i* dans un très grand nombre de mots :

ouglim, peau,		pour *aglim*	des Zouaoua.
zoumer, agneau,		*izimer*	—
tousa, foie,		*thasa*	—
oulem, paille,		*alim*	—
oudjoun, un,		*iioun*	—

tounist, clef,	*thanast* des Zouaoua.
ioufou, il a trouvé,	*ioufa* —
ousound, ils sont venus,	*ousand* —

Ce caractère doit être noté comme un des plus remarquables. Cette préférence pour les sons sourds donne au dialecte des Nefousa une allure toute spéciale.

7° *caractère*. — Métathèses fréquentes :

ousem, viande, pour *aksoum* et *aisoum*, des Beni-Mzab.
oufes, main,	*afous*.
ousef, rivière,	*asouf*, de certains dialectes.
oulem, paille,	*alim* et *aloum* des B.-Mzab.
ouier, mois, lune,	*aggour* et *aiour* —
oufed, genou,	*afoud*.

§ 2. — Du substantif.

Pas plus que dans les autres dialectes berbères il n'existe dans le dialecte des Nefousa d'agent de détermination se préfixant au nom. Ainsi : *ergaz n Infousen* signifiera aussi bien : l'homme des Nefousa, ou un homme des Nefousa.

L'indétermination peut être accentuée si l'on ajoute après le nom masculin ou féminin *oudjoun*, un, et *oudjout*, une. Ex. : *ir'f oudjoun*, une tête, une seule tête; *temdit oudjout*, un seul figuier.

De même l'idée de détermination peut être indiquée d'une façon précise par l'addition du démonstratif ou relatif *oui* pour le masculin et *ti* pour le féminin. Ex. : *ergaz oui n Infousen*, l'homme des Nefousa, l'homme celui des Nefousa; *talr'emt ti n tirkeft*, la chamelle de la caravane, celle de la caravane.

MASCULIN. — Comme on l'a dit précédemment, la plupart des noms masculins commencent par la consonne radicale sans être précédés de la voyelle prosthétique, si commune chez les Zouaoua :

drar, montagne; *mekli*, déjeuner; *mait'ou*, fourche ; *douskou*, grand plat en bois; *madel*, cil ; *miri*, toit; *bersi*, motte de terre; *zaler'*, bouc; *birgen*, tente ; *marou*, mur; *zoumer*, agneau ; *falchou*, quenouille; *ouzou*, mouche; *r'id*, chevreau ; *zerzer*, gazelle; *toukodh*, doigt; *r'ess*, os; *zaou*, cheveu ; *faris*, poire.

Les autres commencent par les sons *a, i, ou*, faisant partie de la racine ou la précédant.

Ex. :

azrar, caillou ; *akrar*, bélier; *amerridou*, berceau ; *aser'*, citerne ; *achcher*, ongle; *achchaou*, corne ; *angou*, nid; *akerchoun*, ânon ; *admer*, poitrine ; *asr'er*, bois à brûler; *al*, cervelle ; *aoujera*, écuelle en bois ; *iles*, langue; *ir'f*, tête ; *imi*, bouche ; *ilel*, mer; *isten*, poinçon ; *irdji*, caverne ; *ioudi*, chien ; *ouk'dou*, trou ; *ouchchen*, chacal; *oudem*, visage; *oufes*, main ; *oul*, cœur; *ouga*, seau en cuir ; *ourer'*, or.

Féminin. — Le féminin réel se forme du masculin en préfixant et suffixant un *t*.

Ex. :

Masc.	Fém.
ar'edoui, poulain,	*tar'edouit.*
ouar, lion,	*touaret.*
bouchil, enfant,	*tebouchilt.*
founas, bœuf,	*tefounast.*
alr'em, chameau,	*talr'emt.*

Quelques substantifs subissent en passant au féminin certaines modifications qui portent sur les voyelles et quelquefois sur les lettres radicales.

Ex. :

Masc.	Fém.
asli, fiancé,	*tsilout*.
ioudi, chien,	*toudit*.

Dans d'autres, qui sont en petit nombre, le féminin n'a pas la forme générale de ce genre et provient d'une autre racine.

Ex. :

memmi, fils,	*illi*, fille.
emm, mère,	*baba*, père.
roumm, frère,	*oultem*, sœur.

Ces derniers mots sont des vocables composés qui ont une racine commune *emm*, mère, et qui sont précédés, le masculin, du mot *rou* qui a le sens de « issu de » et le féminin, du mot *oult* (cf. *illi*, fille).

D'autres ayant la forme féminine générale du berbère proviennent également d'une racine différente.

Ex. :

ergaz, homme,	*temet't'out*, femme.
agmar, cheval,	*ter'ellet*, jument.
akrar, bélier,	*tili*, brebis.
agnaòu, nègre,	*taia*, négresse.

Parmi les féminins conventionnels, les uns ont le *t* préfixe et suffixe.

Ex. :

tezdit, palmier ; *tanout*, puits ; *tikkelt*, fois ; *teget'fet*, fourmi ; *tazouirt*, cruche ; *tesegnit*, aiguille ; *tisent*, sel ; *toumert*, barbe ; *tirzezt*, lièvre ; *tisit*, miroir ; *tilemit*, écorce ; *talloumt*, crible ; *tanbelt*, bracelet ; *tamemt*, miel ; *tiddist*, ventre ; *tainer't*, aubépine sauvage ; *tagerrimt*, cuve ou jarre à huile.

D'autres n'ont que le *t* préfixe et se terminent généralement par les voyelles *a* ou *i*.

Ex. :

tala, mare ; *tadra*, épine ; *tekoura*, hachette ; *tidni*, mortier à piler ; *temsi*, feu ; *tebga*, flûte ; *toufa*, palme ; *tikli*, pas ; *tanr'i*, pis ; *tesara*, poutre ; *tidjemmi*, jardin ; *tir'i*, champ ; *temalla*, tourterelle ; *tegirsa*, soc.

Les NOMS D'UNITÉ et les DIMINUTIFS se forment comme dans les autres dialectes, en préfixant et suffixant *t* au masculin.

NOMS DE MÉTIER. — Les noms de métier se forment : 1° en mettant la syllabe formative *am* devant la racine et en intercalant le son *a* avant la dernière radicale.

Ex. :

er'res, égorger,	*amer'ras*, boucher.
erzef, voyager,	*amerzaf*, voyageur.
ekrez, cultiver,	*amekraz*, cultivateur.

On trouve à peu près la même formation provenant de verbes dérivés dans les noms de métier féminins suivants : *tamsirout*, accoucheuse, de *sirou*, faire enfanter ; *tamsenbit*, nourrice, de *senbi*, faire téter.

2° En préfixant *am, a*, ou en remplaçant l'*e* prosthétique qui figure à la racine par *a* et en ajoutant *ai* :

eçch, bâtir,	*açochai*, maçon.
zenz, vendre,	*amzenzai*, vendeur.
terjit, charbon,	*aredjai*, charbonnier.
enni, monter sur,	*amenai*, cavalier.

FORMATION DU PLURIEL MASCULIN [1]

1ʳᵉ *catégorie* : *Pluriels externes*. — Dans les mots commençant par une consonne, le pluriel se forme du singulier en préfixant *i* et en ajoutant les désinences *n, en, in, oun, aoun*.

Si le singulier commence par le son *a*, l'*a* est remplacé au pluriel par *i* et on ajoute les désinences ci-dessus. Dans ceux qui commencent par *i*, la formation du pluriel n'entraîne pas le redoublement de ce son.

Sing.	Plur.
r'id, chevreau,	*ir'iden*.
beddiou, fou,	*ibeddioun*.
zalim, oignon,	*izalimen*.
zioua, régime de dattes,	*iziouain*.
gouda, tas,	*igoudain*.
badhliou, caroube,	*ibadhliouin*.
mekli, déjeuner,	*imeklioun*.
gaji, chambre,	*igajioun*.
madel, cil,	*imadliouin*.
bougel, serrure,	*ibouglaoun*.
anzer, pluie.	*inzaren*.
ank'our, bec.	*ink'ouren*.
addjai, mâchoire.	*iddjain*.
akrar, bélier.	*ikraren*.
afriou, aile.	*ifrioun*.
asil, autruche.	*isilen*.
aoual, parole.	*ioualen*.
ajertil, jonc.	*ijertilen*.
achchaou, corne.	*ichchaoun*.
arnan, meule de paille.	*irnanen*.
ilis, toison.	*ilisen*.

1. Je ne pouvais mieux faire que d'adopter pour les pluriels masculins la classification donnée par M. R. Basset dans son *Manuel kabyle*, Paris, 1887, in-12.

Sing.	Plur.
iles, langue.	*ilsaoun.*
ir'f, tête,	*ir'faoun.*
isten, poinçon.	*istenaoun.*

Certains noms commençant par le son *ou* ne prennent pas l'*i* préfixe au pluriel.

Ex. :

Sing.	Plur.
oudai, juif,	*oudain.*
ouchchen, chacal,	*ouchchanen.*
oul, cœur,	*oulaoun.*
oudem, visage,	*oudmaoun.*

ouglim, peau, fait cependant *iglimen.*

2ᵉ *catégorie : Pluriels internes.* — On les forme au moyen de l'*i* initial et en changeant en *a* la voyelle qui précède la dernière radicale.

Ex. :

Sing.	Plur.
zoumer, agneau,	*izoumar.*
birgen, tente,	*ibirgan.*
toukodh, doigt,	*itoukadh.*
fergous, figue verte,	*ifergas.*
aberkous, mouton,	*iberkas.*
akerchoun, ânon,	*ikerchan.*
ak'ezzouz, vagin,	*ik'ezzaz.*

Lorsque la première radicale est vocalisée en *a*, elle prend au pluriel le son *ou* :

k'attous, chat,	*ik'outtas.*
zaler', bouc,	*izoular'.*
r'anim, roseau,	*ir'ounam.*

3ᵉ *catégorie : Pluriels externes et internes.* — Ces pluriels se

forment comme les pluriels externes, mais les voyelles internes
du nom singulier subissent certaines modifications au pluriel
comme son ou comme place.

Ex. :

achcher, ongle,		*ichcharen.*
asr'er, bois à brûler,		*isr'aren.*
ouier, mois, lune,		*iaren.*
admer, poitrine,		*idmaren.*
oukrim, dos,		*ikerman.*
alr'em, chameau,		*iler'man.*
r'ill, bras,		*ir'ellen.*

Quelquefois on redouble la dernière consonne :

ousef, rivière,	*iseffen.*
oufes, main,	*ifessen.*
aser', citerne,	*isar'r'en.*

On peut rattacher à cette catégorie :

1° Les noms terminés en *i* et en *ou* qui font leur pluriel en
an.

Ex. :

douskou, grand plat en bois,	*idouskan.*
mail'ou, fourche,	*imait'an.*
kouttou, perche, chevron,	*ikouttan.*
miri, toit, impôt par feu,	*imiran.*
itri, étoile,	*itran.*
kourdi, puce,	*ikourdan.*

ouzou, mouche, fait *ouzan.*

ioudi, chien, fait *it'an.*

2° Ceux terminés en *ou* et en *i* qui font le pluriel en *a* final,
avec ou sans autre modification interne.

Ex. :

r'asrou, k'çar,	*ir'asra.*

falchou, quenouille,   *ifalcha*.
deffou, pomme (arabe ﺗﻔّﺎﺡ), *ideffa*.
zaglou, joug,   *izagla*.
samou, coussin en cuir,   *isouma*.
bersi, motte de terre,   *ibersa*.

On trouve quelques rares exemples de modifications internes par des consonnes qui ne sont souvent que des lettres
d'équivalence.

Ex. :

   zaou, cheveu,   *izouggen*.
   ouga, sceau en cuir,   *ijougen*.
   medjer, faucille,   *imegren*.

Le mot *roumm*, frère, fait au pluriel *aitma* (fils de mère).
memmi, fils, fait au pluriel *ara* (ROU, enfanter).
Un certain nombre de noms masculins ne sont usités qu'au
pluriel. Ils désignent pour la plupart les sécrétions de l'homme.
idemmen, sang; *ibezit'en*, urine; *ir'erbouzen*, chassie; *ikoufesan*, salive; *ir'erbaben*, morve sèche; *amen*, eau; *igermilen*,
argent, monnaie; *irden*, blé; *ioudan*, gens.
Ce dernier est un pluriel avec le sens collectif. D'autres
noms ont la forme du singulier et le sens collectif.

Ex. :

   azemmour, oliviers.
   mendi, grains, céréales.

FORMATION DU PLURIEL FÉMININ

Dans les noms féminins terminés par un *t*, il y a deux
formes de pluriels correspondant aux pluriels externes et aux
pluriels internes du masculin.

Forme externe. — On l'obtient en substituant au *t* final la désinence *in*. Le *t* préfixe n'est ordinairement pas suivi du son *i* au pluriel, comme en zouaoua.

Ex. :

tazouirt, cruche,	*tezouirin*.
touart, lionne,	*touarin*.
teziouait, grappe,	*teziouain*.
tazemmourt, olivier,	*tezemmourin*.
tar'eslit, troupeau de bêtes,	*ter'esliin*.
tidrit, épi,	*tidrin*.
tejartilet, natte en joncs,	*tejartilin*.

Forme interne. — Dans cette forme, la désinence en *in* n'existe pas. Le nom subit simplement un changement de voyelles.

Ex. :

taddart, maison,	*iiddar*.
temidelt, magasin,	*temidal*.
tesernest, broche,	*tesernas*.
tenzert, nez,	*tenzar*.
touinest, boucle d'oreille,	*touinas*.
terzeft, voyage,	*terzaf*.
tesegrest, bourse,	*tesegras*.
tanfousi, histoire,	*tenfas*.
tekamourt, fenêtre,	*tekoumar*.
ter'ardemt, scorpion,	*tir'ourdam*.
tejijelt, rognon,	*tejijal*.

On peut rattacher à cette forme :
1° Les singuliers en *it* qui font leur pluriel en *ai*.
Ex. :

tesegnit, aiguille,	*tesegnai*.
tezdit, palmier,	*tezdai*.
temdit, figuier,	*temdai*.
tefouchit, orteil,	*tefouchai*.

tilemit, écorce,	*tilemai.*
tesounit, panier en h'alfa,	*tesounai.*
techamit, panier à olives, escourtin.	*techoumai.*

2° Les noms qui font leur pluriel en *a*.

Ex. :

tat'ouent, rigole,	*tit'ouna.*
tounist, clef,	*teniisa.*
toumert, barbe,	*temira.*
taourt, porte,	*touira.*
tanout, puits,	*tina.*
tafrit, feuille,	*tefra.*
tezallit, prière,	*tezilla.*
tiddist, ventre,	*tedisa.*
tirjet, rêve,	*tirja.*

3° Les noms qui conservent au pluriel le *t* final du singulier en le faisant suivre de la désinence des pluriels externes.

Ex. :

temeddit, après-midi,	*temedditin.*
taklout, panier en palmier,	*tekloutin.*
trabit, poisson,	*tirabitin.*
toudit, chienne,	*tidatin.*
talek'at, collier,	*telek'atin.*
tsilout, fiancée,	*tsilatin.*
tar'rout, épaule,	*tar'retin.*
talat, ravin,	*tilaten.*

Noms féminins terminés par une voyelle. — Ces noms forment leur pluriel en *n, in, ouin* et *iouin.*

Ex. :

tekitcha, ver,	*tekitchaouin.*
tekoura, hachette,	*tekouraouin.*
tesoubla, alène,	*tesoublaouin.*

telaba,	voile de femme,	*telabaouin.*
tesara,	poutre,	*tesariouin.*
tar'ma,	cuisse,	*tar'miouin.*
tadra,	épine,	*tadriouin.*
tanr'i,	pis,	*tanr'iouin.*
tini,	datte,	*tiniouin.*
taienna,	poulie,	*tiinouin.*
tidni,	mortier,	*tedniouin.*
tezizoui,	abeille,	*tezizouin.*
telifsa,	vipère,	*telifsiouin.*
tegirsa,	soc,	*tegirsiouin.*
akerra,	caillou roulé,	*ikerrain.*

Le mot *ikerrain* s'emploie pour désigner la grêle, comme en arabe le mot ﺟﺮ.

Un certain nombre de noms féminins ont des pluriels provenant d'une autre racine :

tamet't'out,	femme,	*tesednan.*
illi,	fille,	*issi.*
oultem,	sœur,	*tesetem.*

Dans le mot composé *tesetem*, le premier radical *teset* paraît être le singulier de *issi*, filles.

tili, brebis, *tatten.*

Certains noms féminins ne s'emploient qu'au pluriel.

Ex. :

t'amzin, orge.
tizarnin, moment de la prière de midi.
touk'zin, moment de l'âçer.

RAPPORT D'ANNEXION. — Le rapport d'annexion s'exprime toujours par la préposition *n* et placée entre le nom déterminé et le complément déterminatif.

Ex. :

brid n drar, le chemin de la montagne.
oudem n tebouchilt, le visage de la fille.
ioudan n Infousen, les gens des Nefousa.
tesednan n Ibiaten, les femmes des Arabes.

Le complément déterminatif placé après *n* ne subit aucune modification dans ses voyelles initiales, soit au masculin, soit au féminin.

Les mots *illi*, *memmi* en rapport d'annexion sont généralement suivis du pronom affixe. Ex. : *illis n ouidi*, la fille d'un tel ; *memmis n roummou*, le fils de mon frère.

§ 3. — Adjectifs qualificatifs.

On exprime comme dans les autres dialectes l'idée qualificative :

1° Par des noms qui ont une forme variable, par des verbes ou des verbes d'état incomplets.

amokran, mok'k'or, grand ; *amechkan, mechek*, petit ; *amezouar*, ancien, premier ; *aneggarou*, dernier ; *achettar*, gras ; *anh'if*, maigre ; *amellal, mellel*, blanc ; *zet't'of*, noir ; *menzou*, hâtif (fruit) ; *aourar'*, jaune ; *ameddai*, inférieur ; *minedj*, supérieur ; *asemmam*, aigre ; *zouer*, gros ; *gezzel*, court ; *azegrar*, long ; *ilam*, fade ; *itefouh'*, fétide ; *beddiou*, fou ; *izer'el*, chaud ; *isemodh*, froid ; *iout'en*, malade ; *azizaou*, vert ou bleu ; *irid*, propre ; *ilbodh*, sale ; *abekkouch*, muet ; *alessas*, lisse ; *zougger'*, rouge ; *amebkhout*, heureux ; *adjebbari*, injuste ; *ibzeg*, humide ; *indhedj*, adroit ; *iah'dek'*, habile ; *ikhoua*, haut ; *iazai*, amer ; *ioumoum*, doux ; *ik'k'er*, dur, sec ; *inzou*, cher ; *ousser*, vieux ; *ioukhfif*, léger ; *zelmat'*, gauche ; *afousai*, droit ; *iggez*, bossu ; *iteseboukrd*, boiteux ; *abçir*, aveugle ; *azaouali*, pauvre ; *isousem*, silencieux ; *mek'ret*, voleur ; *ça-*

bih', bon ; *isemah'*, beau ; *iouou*, mûr ; *itissi*, possible ; *iksed*, bon marché.

L'idée qualificative peut s'exprimer encore au moyen d'un verbe précédé de la négation :

> *oul isal*, sourd (il n'entend pas).
>
> *oul itissi*, impossible (il n'existe pas).

Le COMPARATIF s'exprime :

1° Au moyen du mot *oudjar*, plus, suivi de la préposition *n* et du mot *it'er* également suivi de *n*. — Ex. : *ergaz io··t'en oudjar n illis*, l'homme est plus malade que sa fille.

2° Au moyen de la préposition *r'ef*, sur. Ex. : *founas ennou mok'k'or r'ef agmar ennek*, mon bœuf est plus grand que ton cheval.

Le SUPERLATIF s'exprime de la façon suivante :

Ex. : C'est le plus grand k'çar de la montagne, *nit d amok'ran af ir'asra n drar* (lui le grand sur les kçour de la montagne).

§ 4. — Pronoms.

PRONOMS PERSONNELS ISOLÉS

Singulier.

nech, netch, nich, nichi,	moi.
chek, tchek,	toi.
chem, chemmi,	toi (fém.).
nit,	lui.
niet, nietet, nitet,	elle.

Pluriel.

nechehen, netchen,	nous.
chekouen,	vous.
chekmet,	vous (fém.).
niten,	eux.
nitent,	elles.

PRONOMS AFFIXES

Ces affixes tiennent lieu d'ajectifs possessifs. On les emploie toujours après le nom avec la particule *n*, *en* ou *enn*.

ziet' ennou,	mon âne.
ziet' ennek,	son âne.
ziet' ennem,	ton âne (fém.).
ziet' ennes,	son âne.
ziet' enner',	notre âne.
ziet' enken,	votre âne.
ziet' enkmet,	votre âne (fém.).
ziet' ensen,	leur âne.
ziet' ensent,	leur âne (fém.).

Après les mots : *roumm*, frère ; *oultem*, sœur ; *memmi*, fils ; *illi*, fille ; *emm*, mère, on emploie au singulier les affixes sans la préposition *n*.

ou,	de moi.
k, ik,	de toi.
m, im,	de toi (fém.).
s, is,	de lui, d'elle.

La préposition *r'er*, chez, suivie des affixes exprime le verbe « avoir ».

r'eri,	j'ai.
r'erek,	tu as.
r'erem,	tu as (fém.).
r'ers,	il a, elle a.
r'erner',	nous avons.
r'erouen,	vous avez.
r'erkmet,	vous avez (fém.).
r'ersen,	ils ont.
r'ersent,	elles ont.

Affixes régimes directs du verbe.

Singulier.

1ʳᵉ p. com.	*i.*
2ᵉ pers. m.	*k* et quelquefois *echk.*
2ᵉ pers. f.	*m* et quelquefois *chem.*
3ᵉ pers. m.	*t.*
3ᵉ pers. f.	*tet.*

Pluriel.

1ʳᵉ pers. com.	*ner'.*
2ᵉ pers. p. m.	*ouen.*
2ᵉ pers. f.	*kmet.*
3ᵉ pers. m.	*ten.*
3ᵉ pers. f.	*tent.*

Affixes régimes indirects du verbe ou de certaines prépositions.

Singulier.

1ʳᵉ pers. com.	*i, ii.*
2ᵉ pers. m.	*ak.*
2ᵉ pers. f.	*am.*
3ᵉ pers. com.	*as.*

Pluriel.

1ʳᵉ pers. com.	*aner'.*
2ᵉ pers. m.	*aouen.*
2ᵉ pers. f.	*akmet.*
3ᵉ pers. m.	*asen.*
3ᵉ pers. f.	*asent.*

Ces affixes s'emploient aussi avec les prépositions : *agar,* entre; *assat,* devant; *denneg,* au dessus de; *addou* ou *saddou,* au dessous de; *deffer,* derrière, etc.

PRONOMS ET ADJECTIFS DÉMONSTRATIFS

Les adjectifs démonstratifs sont :

ou, ouh, iouh (après un mot terminé par une voyelle), pour la proximité.

ih, iih, pour l'éloignement.

Ex. :

    alr'em ouh, ce chameau

    ir'asra iouh, ces k'çour.

    ergaz ih, cet homme-là.

    touira iih, ces portes-là.

Les pronoms démonstratifs sont :

ououh, celui-ci,	*touh,* celle-là.
iouh, ceux-ci,	*tiouh,* celles-ci.
ouih, celui-là,	*tih,* celle-là.
iih, ceux-là,	*tiih,* celles-là.
aiouh, ceci.	*aih,* cela.

« Celui qui » se rend par *ouasi.*

PRONOMS RELATIFS

Les pronoms relatifs sont :

    oui, pour le masc. sing.

    ti, pour le fém. sing.

    ii, pour le masc. pl.

    tii, pour le fém. pl.

Ex. :

    ergaz oui d iousou, l'homme qui est venu.

    tamet't'out ti t tousou, la femme qui est venue.

    ioudan ii d ousoun, les gens qui sont venus.

    tesednan ti d ousounet, les femmes qui sont venues.

Les pronoms sont souvent suivis d'une légère aspiration.

PRONOMS INTERROGATIFS

Les plus usités sont :

mammou, qui? *mai*, quoi? que? *in mammou*, à qui? *smai*,
avec quoi? dans quoi? *ouir'er*, chez qui? *mammou*, lequel?
manet, laquelle?.

PRONOMS INDÉFINIS

ouidi, ouait', autre (masc. sing.).
tidi, tait', tiet', autre (fém. sing.).
iait', iit'nin, iïdi, autres (masc. pl.).
tiet'nin, tiïdi, autres (fém. pl.).
oudjoun, quelqu'un.
oula chera, oula mesala, rien.
koull oudjoun, chacun.
oui, mammou, quiconque.
mai illa, quoi que ce soit.
akettou, voici.
iait' iit'nin, les uns les autres.
alemma oudjoun, personne.

§ 5. — Du verbe.

Comme dans tous les dialectes berbères le thème verbal
peut avoir une, deux, trois et même quatre lettres radicales.
La plupart des verbes qui ont plus de trois lettres sont em-
pruntés à l'arabe.

Sous le rapport de la conjugaison, les verbes peuvent être
classés en deux catégories :

1° Verbes qui ne subissent aucune particularité phonétique.

2° Verbes qui en subissent.

1re catégorie. — La première catégorie comprend en général
les verbes qui ont deux consonnes à la 2e personne de l'impératif masculin, comme :

edrem, mordre.　　　　e D R e M.
ekker, se lever.　　　　e N K e R.

effer', sortir,	e F F e R'.
ellem, filer,	e L L e M.
ekkes, ôter,	e K K e S.
eouded, être debout,	e OU D e D. (Z D' R'.)
ezder', demeurer,	e Z D e R'. (DH S.)
et't'es, dormir,	e T' T' e S.
kebb, baiser,	K e B B.
essen, savoir,	e S S e N. (S N.)
erouel, fuir,	e R OU e L.
effed, avoir soif,	e F F e D. (F D'.)
r'emm, teindre,	R' e M M.
enzer', tirer de l'eau,	e N Z e R'.
edder, vivre,	e D D e R. (D' R.)
erzef, voyager,	e R Z e F.
elmed, apprendre,	e L M e D.
ourar, jouer,	OU R a R.
emger, moissonner,	e M G e R.
et't'ef, enlever,	e T' T' e F.
eggel, jurer,	e G G e L.
ellef, répudier,	e L L e F.
eknef, rôtir,	e K N e F.
zoun, partager,	Z OU N (cf. *zegni*, moitié, rac. Z G N).
erouet', se vêtir,	e R OU e T'. (R OU DH.)
egmez, égratigner,	e G M e Z.
er'res, égorger,	e R' R e S.
enr'el, verser,	e N R' e L.
ezzol, payer,	e Z Z o L.

Les verbes *eouet*, frapper, et *eouot'*, arriver, font exception,
à moins d'admettre qu'ils proviennent d'une racine OU OU T,
OU OU T'.

A la première catégorie peuvent se rattacher les verbes en *i*
final qui conservent cet *i* à la 3ᵉ personne de l'aoriste, comme :

erni, ajouter,   *irni.*

lemoumi. fondre,   *ilmoumi.*

enni, monter sur,   *inni.*

ezli, chanter,   *izli.*

enbi, téter,   *inbi.*

elsi, tondre,   *ilsi.*

ent'i, goûter,   *int'i.*

t'azdi, greffer,   *it'azdi.*

eroui, pétrir,   *iroui.*

Conjugaison du verbe effer', sortir.

PRÉTÉRIT

Singulier.		Pluriel.	
1ʳᵉ pers. com.	*effer'er'.*	1ʳᵉ pers. com.	*neffer'.*
2ᵉ pers. com.	*teffer'ed.*	2ᵉ pers. m.	*teffer'em.*
		2ᵉ pers. f.	*teffer'met.*
3ᵉ pers. m.	*ieffer'.*	3ᵉ pers. m.	*effer'en.*
3ᵉ pers. f.	*teffer'.*	3ᵉ pers. f.	*effer'net.*

FUTUR

Singulier.		Pluriel.	
1ʳᵉ pers. com.	*adeffer'er'.*	1ʳᵉ pers. com.	*aneffer'.*
2ᵉ pers. com.	*ateffer'ed.*	2ᵉ pers. m.	*ateffer'em.*
		2ᵉ pers. f.	*ateffer'met.*
3ᵉ pers. m.	*aiffer'.*	3ᵉ pers. m.	*adeffr'en.*
3ᵉ pers. f.	*ateffer'.*	3ᵉ pers. f.	*adeffer'net.*

IMPÉRATIF

2ᵉ pers. sing.	*effer'.*
2ᵉ pers. pl. m.	*effer'et.*
2ᵉ pers. pl. f.	*effer'met.*

Les verbes en *i* se conjuguent avec les mêmes lettres formatives en supprimant l'*e* euphonique qui se trouve devant les lettres formatives finales : *ezlir, tezlid, izli, tezli, nezli, tezlim, tezlimet, ezlin, ezlinet.*

Le participe existe, mais il est d'un emploi peu fréquent.

2ᵉ *catégorie.* — Verbes subissant des modifications phonétiques.

A. Les verbes qui commencent par *a* changent cet *a* en *ou* au prétérit seulement.

Ex. :

aber, bouillir,	*iouber.*
adel, commencer,	*oudeler', ioudel.*
ali, monter,	*oulir', iouli.*
ak'k'en, attacher,	*ouk'kener', iouk'k'en.*
aker, voler,	*oukerer', iouker.*
ari, écrire,	*ourir', iouri.*

B. Les verbes qui ont moins de trois lettres radicales ont la conjugaison particulière suivante :

Prétérit. — *Enr'ir'*, je tue; *tenr'id, in'rou, tenr'ou, nenr'ou, tenr'oum, tenr'oumet, enr'oun, enr'ounet.*

Futur. — *Adenr'er, atenr'ed, aienr', atenr', anenr', atenr'oum, atenr'oumet, atenr'oun, atenr'ounet.*

Impératif. — *Enr', enr'out, enr'oumet.*

On conjuguera ainsi les verbes :

eser', acheter, *isr'ou*,	eSeR'.
err', brûler, *irr'ou*,	eRR'.
efk, donner, *ifkou*,	eFK.
erz, briser, *irzou*,	eRZ.
ekk, sentir, *ikkou*,	eKK.
ezm, sucer, *izmou*,	eZM.
eg, faire, *igou*,	eG.
eml, dire, *imlou*,	eML.
ezdh, moudre, *izdhou*,	eZDH.
ekm, entrer, *ikmou*,	eKM.
er'z, creuser, *ir'zou*,	eR'Z.
etch, manger, *itchou*,	eTCH.
ens, passer la nuit, *insou*,	eNS.

err, rendre, *irrou*,   e R R.

edhç, rire, *idhçou*,   e DH Ç.

Les verbes monosyllabiques qui commencent par un *a* subissent les mêmes modifications de désinence et de plus leur
a initial se change en *ou*.

>*af*, trouver, *oufir'*, *ioufou*, *oufoun*.
>
>*as*, venir, *ousir'*, *iousou*, *ousoun*.
>
>*ar'*, prendre, *our'ir'*, *iour'ou*, *our'oun*.
>
>*ar*, ouvrir, *ourir'*, *iourou*, *ouroun*.

Il est à remarquer que le son *ou* final disparaît lorsque le
verbe est suivi d'un pronom affixe.

>*imlas ajellid*, le roi lui dit.
>
>*iour'et ergaz*, l'homme le prit.
>
>*igas tenouba*, il lui fit une pension.

Il en est de même de *iousou* quand il est suivi de la particule
d de localité.

>*ioused in r'eres*, il vint chez lui.
>
>*si ioused atourki*, lorsque le Turc vint.

On peut dire aussi : *si d iousou*.

Les verbes en *ou* comme *esou*, boire, *erou*, enfanter, se conjuguent de la même manière.

Les verbes terminés en *a* comme *ezza*, planter, *etta*, oublier,
font :

>*ezzir*,   *izza*,   *ezzan*.
>
>*ettir'*,   *itta*,   *ettan*.

FORMES DÉRIVÉES

Les formes dérivées les plus usitées sont :

1° La forme factitive qu'on obtient comme en zouaoua en
préfixant *s* devant le primitif :

Ex. : *ekm*, entrer,　　　　　　*sekm*, faire entrer.

ek'k'er, être sec,　　　　　*sek'k'er*, faire sécher.
ehoua, descendre,　　　　*sehoua*, faire descendre.
ekker, se lever,　　　　　*sekker*, faire lever.
enbi, téter,　　　　　　　*senbi*, faire téter.

sekmoun tebouchilt di taddart, ils ont fait entrer la fille dans la maison ; *sekkeren alr'em ih*, on a fait lever ce chameau.

On retrouve pour certains verbes les mêmes particularités phonétiques qu'en zouaoua :

erou, enfanter,　　　　*sirou*, faire enfanter, accoucher.
atef, entrer,　　　　　*sitef*, faire entrer.
enz, être vendu,　　　*zenz*, vendre.
irid, être propre,　　　*sired*, laver.
effer', sortir,　　　　　*souffer'*, faire sortir.
mellel, être blanc,　　*semlil*, blanchir.
zet't'of, être noir,　　*zezdhof*, noircir.

2° La forme réciproque et réfléchie, qui s'obtient en préfixant *m* ou *em*.

enr', tuer,　　　　　　*emenr'en*, ils se sont tués.
zoun, partager,　　　*emzoun*, se partager.

3° La forme passive, qu'on obtient en préfixant *tou* :

ari, écrire,　　　　　　*touari*, être écrit.
etch, manger,　　　　*touatch*, être mangé.

4° Formes fréquentatives et intensives, qui s'obtiennent de plusieurs manières :

A. En préfixant *t* et *ett* :

adel, commencer,　　*tadel*, commencer habituellement.
as, venir,　　　　　　*tas*, venir hab.
ezzeg, traire,　　　　*tezzeg*, traire hab.
ezza, planter,　　　　*tezza*, planter hab.

ebbi, cueillir,	*tebbi*, cueillir hab.
aoui, apporter,	*ettaoui*, apporter hab.

B. En redoublant la deuxième radicale :

ekrez, cultiver,	*kerrez*, cultiver habituellement.
efk, donner,	*fekk*, donner hab.
enzer', tirer,	*nezzer'*, tirer hab.

C. En mettant *a* avant la dernière radicale :

zer, voir,	*zar*.
ezdh, moudre,	*zadh*.
ekm, entrer,	*kam*.
esou, boire,	*saou*.

D. En redoublant la première radicale et en la faisant suivre du son *a* :

eml, dire,	*emmal* ou *ammal*.
erz, briser,	*erraz*.
zer, voir,	*ezzar*.

Les formes fréquentatives de *eout*, frapper, et de *etch*, manger, sont *aggat* et *tett*.

Ces diverses formes se combinent entre elles :

menr', se tuer réciproquement ; *smenr'*, se faire tuer ;

ers, placer ; *sers*, faire placer ; *msers*, être posé ;

esou, boire ; *sesou*, faire boire ; *tesesou*, faire boire habituellement ;

enbi, téter ; *senbi*, faire téter ; *tesenbi*, nourrir, allaiter.

VERBE « ÊTRE »

Le verbe exprimant l'idée d'existence est *ili*, prét. *illa*, qui se conjugue comme dans le dialecte des Zouaoua.

Pour exprimer l'imparfait, on emploie *issi* et la forme d'habitude *itissi*. On se sert quelquefois de *kan* ou *ikan* que l'on conjugue seulement aux 3ᵉ personnes.

Ex. : *ikan ergaz ouh oul r'ers mesala*, cet homme ne possé-

dait rien; *si kanoun At Rostem di Tihert*. lorsque les Rosté-
mides étaient à Tihert.

kan s'emploie aussi pour exprimer l'idée d'exception. Ex. :
ousoun ed ichemdjan kan, les nègres seulement sont venus.

DE LA NÉGATION

La négation se rend par *oul, ou, oua* devant le verbe que
l'on fait souvent suivre de *ch* ou *chi*.

Ex. : *oul issen temazir't*, il ne sait pas le berbère; *oul ten
inr'ou chi*, il ne les a pas tués; *ou d ak t ifkou chi*, il ne te l'a
pas donné.

Avec l'impératif et le futur, on met le verbe à une des
formes fréquentatives.

Ex. : *oul tetemettid kan d alemmas n amen*, tu ne mourras
qu'au milieu des eaux; *oul itagged ioudan*, il ne craindra pas
les gens.

DE L'INTERROGATION

L'interrogation est marquée plus spécialement par *chi* que
l'on place d'ordinaire après le verbe et quelquefois avant :
Ex. : *tessened chi? chi tessened?* sais-tu?

Avec le verbe *illa*, on se sert de la particule *ma*. Ex. : *ma
illa ergaz dah?* y a-t-il un homme ici?

PLACE DES PRONOMS RÉGIMES DU VERBE

Les règles sont les mêmes que chez les Zouaoua, suivant
que le verbe est précédé d'un particule ou non.

Ex. : *iouet ak*, il t'a frappé; *izraner'*, il nous a vus; *ifkaset*,
il le lui a donné; *efkiited*, donne-le-moi; *efkounet asnet tiqa*,
elles leurs donnèrent de l'herbe; *senzer'as ten d*, je les lui ai
vendus; *ak eouten*, ils te frapperont; *r'esser' at i ten tefked*,
je veux que tu me les donnes; *ou d ak i ifkou chi*, il ne te l'a
pas donné.

VERBES QUALIFICATIFS

Il existe également dans le dialecte des Nefousa des verbes qualificatifs à conjugaison incomplète, comme :

mok'k'or, il est grand ; *mok'k'rit*, elle est grande ; *mok'k'ourt*, ils sont grands, elles sont grandes. Voici quelques-uns de ces verbes :

mechek, être petit ; *ousser*, être vieux ; *zet't'of*, être noir ; *mellel*, être blanc ; *gezzel*, être court ; *zizou*, être bleu, vert ; *zougger'*, être rouge.

NOMS D'ACTION

Les noms d'action peuvent avoir la forme masculine ou la forme féminine.

Noms d'action à forme masculine.

1° Même forme que le radical :

et't'es, dormir,	*et't'es*.
ourar, jouer,	*ourar*.

2° Addition du son *i* au radical :

seken, montrer,	*sekeni*.
souggem, attendre,	*souggemi*.
r'emm, teindre,	*r'emmi*.

3° *ou* initial et *ou* avant la dernière radicale :

ak'k'en, attacher,	*ouk'k'oun*.

4° La forme la plus commune a pour caractère un *i* initial et le son *a* avant la dernière radicale. On sent là l'influence de l'arabe :

enkodh, couper,	*inkadh*.
emr'er, grandir,	*imr'ar*.
essen, savoir,	*issan*.
er'res, égorger,	*ir'ras*.
et't'ef, enlever,	*it't'af*.
ezzeg, traire,	*izzag*.

eggel, jurer,	*iggal.*
agel, accrocher,	*igal.*
edrem, mordre,	*idram.*
izem, blesser,	*izam.*
eltou, plumer,	*iltaòu.*

5° Simple intercalation du son *a* entre la dernière et l'avant-dernière radicale :

at'en, être malade,	*at'an.*

6° *i* initial et *ai* final :

aser', acheter,	*isr'ai.*
ezza, planter,	*izzai.*
err, rendre,	*irrai.*
ezem, sucer,	*izmai.*
sel, entendre,	*islai.*
etta, oublier,	*ittai.*
elsi, tondre,	*ilsai.*
erni, ajouter,	*irnai.*
ekhs, aimer,	*ikhsai.*
etch, manger,	*itchai.*

ali, monter, fait *allai*, montée ; *af*, trouver, fait *affai*, trouvaille.

Noms d'action à forme féminine.

1° Noms d'action à forme féminine par *t* préfixe et *t* suffixe :

nedjef, se marier,	*tenedjeft.*

2° Noms d'action à forme féminine en *i* final :

efad, gagner,	*tifedi.*
enfer, se moucher,	*tenefri.*
aref, griller,	*tirfi.*
ekker, se lever,	*tekkeri.*
esou, boire,	*tissi.*
ouou, être mûr,	*tioui.*
zoun, partager,	*tezouni.*
eroui, pétrir,	*teroui.*

3° Noms d'action à forme féminine en *ia* et *a* :

lel, naître,	*taloulia*.
ougour, marcher,	*tugouria*.
erouel, fuir,	*taroula*.
ekrez, cultiver,	*tekirza*.

Ce ne sont là que les principales formes. Pour la classification générale des noms d'action en berbère, on consultera les savantes *Études sur les dialectes berbères*, de M. René Basset, p. 155.

§ 6. — Numération.

NOMBRES CARDINAUX

Les Nefousa ont un système complet de numération quinaire qui, comme l'a fait remarquer M. René Basset, paraît avoir été le système primitif des Berbères.

On forme tous les nombres au moyen des vocables suivants :

oudjoun,	un.
sen,	deux.
okkoz,	trois.
charet,	quatre.
oufes (main),	cinq, pl. *ifessen*.
ouier (lune, mois),	trente, pl. *iaren*.
temit'i,	cent, pl. *temit'iouin*.

Les quatre premiers numératifs sont ceux employés chez les Beni-Mzab, les Touareg, dans les dialectes chelh'a, à Djerba et chez les Zenaga.

A partir de « cinq », les numératifs sont composés :

6 — *oufes d oudjoun* (une main et un).
7 — *oufes d sen* (une main et deux).
8 — *oufes d charet* (une main et trois).
9 — *oufes d okkoz* (une main et quatre).
10 — *sen n ifessen* (deux en fait de mains).

11 — *sen n ifessen d oudjoun* (deux mains et un).

12 — *sen n ifessen d sen* (deux mains et deux) et ainsi de suite jusqu'à la quinzaine.

15 — *charet n ifessen* (trois mains).

16 — *charet n ifessen d oudjoun* (trois mains et un).

19 — *charet n ifessen d okkoz.*

20 — *okkoz n ifessen.*

25 — *zegni n ouier d sen n ifessen* (moitié de lune et deux mains).

30 — *ouier* (lune).

35 — *ouier d oufes.*

40 — *ouier d sen n ifessen.*

45 — *ouier d charet n ifessen.*

50 — *zegni n temit'i* (moitié de cent).

55 — *zegni n temit'i d oufes.*

60 — *sen n iaren* (deux lunes).

65 — *sen n iaren d oufes.*

70 — *sen n iaren d sen n ifessen.*

75 — *sen n iaren d charet n ifessen.*

80 — *zegni n temit'i d ouier* (moitié de cent et une lune).

85 — *zegni n temit'i d ouier d oufes.*

90 — *charet n iaren* (trois lunes).

95 — *charet n iaren d oufes.*

100 — *temit'i,*

200 — *senet n temit'iouin.*

400 — *okkozei n temit'iouin.*

500 — *oufes n temit'iouin.*

700 — *oufes d sen n temit'iouin.*

1000 — *sen n ifessen n temit'iouin.*

1500 — *charet n ifessen n temit'iouin.*

3000 — *ouier n temit'iouin.*

6500 — *sen n iaren d oufes n temit'iouin.*

7549 — *sen n iaren d charet n ifessen n temit'iouin d ouier d charet n ifessen d okkoz.*

oudjoun, sen, okkoz prennent le féminin et font *oudjout, senet, okkozet.*

oudjoun et *oudjout* se placent toujours après le nom :

> *founas oudjoun,* un bœuf.

> *toussert oudjout,* une vieille femme.

Après « deux » et tous les nombres suivants, le nom se met au pluriel et est séparé des numératifs par le particule d'annexion *n.*

sen, okkoz prennent le féminin devant un nom féminin quand ils sont isolés seulement.

> *sen n imenain,* deux cavaliers.

> *senet n tir'iouin,* deux champs.

> *okkoz n imnichen,* quatre chats.

> *okkozet n tezit'in,* cinq ânesses.

Quand ils forment avec *oufes* ou son pluriel un nombre composé, ils restent invariables parce que l'on sous-entend le mot *toukodh,* doigt, pl. *itoukadh.* Ex. : *oufes d sen n tiddar,* sept maisons (une main et deux doigts en fait de maisons).

sen n ifessen d okkoz n temit'iouin n tesednan, mille quatre cents femmes.

On emploie pour les dates le même système de numération. Ex. : année 1302 : *sougyes n sen n ifessen ded charet n temit'iouin ded sen.*

NOMBRES ORDINAUX

Premier, *amezouar,* f. *tamezouart,* pl. *imezouaren,* f. *temezouarin.*

Second, *ouis sen.*

Troisième, *ouis charet.*

Quatrième, *ouis okkoz.*

Cinquième, *ouis oufes.*

Sixième, *ouis oufes d oudjoun,* etc.

Dernier, *aneggarou,* f. *taneggarout,* pl. *inneggoura,* f. *tineggoura.*

Moitié, demi, *zegni*.

Tiers, quart, cinquième se traduisent par les mots d'origine arabe *toult, roubou, khɔums*.

§ 7. — Des particules.

PRÉPOSITIONS

in, à, vers. Ex. : *irzef in T'rables*, il est parti en voyage vers Tripoli ; *atased in r'asrou iouh*, tu arriveras à ce k'çar.

s, si, de, hors de, avec, par. Ex. : *effer' si T'rables*, sors de Tripoli ; *edehek azrou s chera n tekoufas*, frotte le rocher avec un peu de salive ; *idhçou ajellid si aoual ennes*, le roi rit de ses paroles.

di d, dans, à, en, sur. Ex. : *iouded assatas di brid*, il s'arrêta devant lui sur le chemin ; *tesekmem di taddart aitli n ioudan*, vous avez fait entrer dans la maison le bien d'autrui ; *di ir'f n azrou*, au sommet du rocher.

assat, d assat, devant, en avant de. Ex. : *assatasen*, devant eux ; *d assat r'asrou tella temezgida*, en avant du k'çar, il y a une mosquée.

deffer, derrière ; *s deffer*, en arrière de. Ex. : *iougour defferas*, il marcha derrière lui ; *ik'im s deffer ioudan*, il est resté en arrière des gens.

addou, sous ; *s addou*, au dessous de ; *in addai*, vers le bas. Ex. : *s addou drar ouh atafed ousef*, au-dessous de cette montagne tu trouveras une rivière.

enneg, dessus ; *d enneg*, au-dessus de ; *in ennedj*, vers le haut. Ex. : *tella d ennegas tik'sebt mechkiet*, il y a au-dessus de lui une petite bourgade.

r'ef, sur, au sujet de. Ex. : *r'ef drar*, sur la montagne ; *ammaloun r'efs*, on raconte à son sujet.

r'er, chez. Ex. : *etchir' r'ersen*, j'ai mangé chez eux.

an, jusqu'à. Ex. : *an jetcha*, jusqu'à demain.

agar, entre. Ex. : *agarasen tagouria n ass*, il y a entre eux une marche d'un jour ; *agar temlint d drar*, entre la ville et la montagne.

af, sur. Ex. : *tik'sebt ouh tenni af drar*, cette bourgade est à cheval sur la montagne.

n, en, enn, de marquant l'annexion. Ex. : *ifkas idrimen ennou*, il lui a donné mon argent ; *iour'ou founas n toussert*, il a pris le bœuf de la vieille.

almendad, en face de. Ex. : *almendad n taddart*, en face de la maison.

did, avec, en compagnie de. Ex. : *teffr'en irgazen did n tesednan*, les hommes sortent avec les femmes.

am, comme. Ex. : *am nit*, comme lui ; *irouel am tirzezt*, il s'est enfui comme un lièvre.

g, eg, dans (rare).

r'er dis, près de. Ex. : *r'erdisasent*, près d'elles.

ADVERBES

Adverbes de temps.

assou, aujourd'hui ; *sennat'*, hier ; *assit'en*, avant-hier ; *jetcha*, demain ; *bâd jetcha*, après-demain ; *r'ebechcha*, demain matin ; *an jetcha*, le lendemain ; *tirou*, maintenant ; *alimira*, tout à l'heure ; *tirou tirou*, aussitôt ; *bâd, s deffer*, après ; *te-meddourt ennou*, jamais (de ma vie) ; *dima*, toujours ; *abeda*, jadis ; *siah an achchar*, bientôt (d'ici à peu) ; *siah an assat*, désormais, à l'avenir.

Adverbes de lieu.

dah, ici ; *siah*, d'ici ; *dous*, là ; *sious*, de là ; *mani*, où ? *s mani*, d'où ? *an dous*, là-bas ; *r'er mani*, vers où ?

Adverbes de manière et de quantité.

kemma, comme, comment ; *mammek*, comment ? *af mai*,

pourquoi? *emmai*, pourquoi? *sah*, *sih*, ainsi; *menit*, combien;
imoul, *irkha* (variable) beaucoup; *edrous*, *achchar*, peu; *izzi*,
assez; *achchar achchar*, doucement; *çabih'*, bien..

CONJONCTIONS

d, *ded*, et; *ner'*, ou; *oul ..*, *oul*, ni ... ni; *alemmi*, lorsque;
si, lorsque, afin que; *silemmi*, depuis que; *mar'er*, parce que;
ma, si; *tirou*, alors.

NÉGATION ET AFFIRMATION

inâm, *iih*, oui; *oulach*, *ouhou*, non; *oul*, *oul* .. *ch*, ne pas.

LES SAISONS

Le printemps,	*rebiâ.*
L'été,	*nebdou.*
L'automne,	*tirza.*
L'hiver,	*tegrest.*

LES CINQ PRIÈRES

Prière de l'aurore,	*afellah' n taji*
— de midi,	*tizarnin.*
— de l'âcer,	*touk'zin.*
— du coucher du soleil,	*tisemsin.*
— de l'âc.ia,	*tincaensi.*

Dans le manuscrit berbère de la *Modawanah*, découvert à
Djerba et photographié par les soins de la Résidence de Tunis,
j'ai relevé pour les cinq prières les noms suivants :
tamirt n tezallit : moment de la prière.

Prière de l'aurore,	*tinouzetcha.*
— de midi,	*tizarnin.*
— de l'âcer,	*touk'zin.*
— du couchant,	*tinoutchou.*
— de l'âcha,	*tinidhas.*

que l'on peut décomposer ainsi :

ti n ouzetcha,	celle du lendemain matin.
ti n outchou,	celle du manger.
ti n idhas,	celle du sommeil.

Le mot *tizarnin* semble être le pluriel féminin d'un participe de la racine *zer*, voir, ou de *zar*, précéder.

Le mot *touk'zin* paraît être un pluriel féminin issu du thème K' Z qui pourrait avoir la même signification que la racine arabe ‎خصر‎.

CHAPITRE II

TRANSCRIPTION

———

IR'ASRA¹ D IBRIDEN² DI DRAR N INFOUSEN

mammou imlet s temazir't³

B̲ᴿᴬᴴᴵᴹ ᴏᴜ S̲ʟᴵᴹᴬᴺ A̲ᴄᴴᴇᴍᴍᴬᴋᴴᴵ

———

[p. 1] (a) **Brid n⁴ mammou⁵ ir'essed⁶ drar⁷ n Infousen si⁸ T'rables**.

Imlou⁹ bab n aoual¹⁰, Brahim ou Sliman Achemmakhi :
Alemmi¹¹ ter'essed drar n Infousen, effer'¹² si¹³ T'rables, ar'¹⁴ brid
n H'ammamdji, agaras¹⁵ d¹⁶ tamdint¹⁷ roubou n sadt¹⁸.
Sious¹⁹, ar' brid n'Gargarech alemmi atased in²⁰ Zenzour, agaras d
T'rables zegni n ass²¹. Sious, imzoun²² brid af sen²³: oudjoun itased²⁴

1. *r'asrou*, pl. *ir'asrar*, k'çar, bourg ; arabe قصر. — 2. *brid*, pl. *ibriden*,
route, chemin. — 3. Celui qui l'a dit en temazir't, c'est-à-dire celui qui l'a
rédigé en berbère, est Brahim ou Sliman Chemmakhi. — 4. *n*, particule d'annexion « de ». — 5. *mammou*, celui qui. — 6. *r'ess*, aor. *ir'ess*, forme fréquentative de *er's*, vouloir, aimer. — 7. *drar*, pl. *idraren* et *idourar*, montagne. — 8. *si*, de (abl.). — 9. *eml*, aor. *imlou*, dire. — 10. *aoual*, pl. *ioualen*,
parole. *bab n aoual*, le maître des paroles, l'auteur. — 11. *alemmi*, lorsque,
quand. — 12. *effer'*, aor. *iffer'*, sortir. — 13. *si*, prép., de, d'entre, par. —
14. *ar'*, aor. *iour'ou*, prendre. — 15. *agar*, entre ; *agaras*, entre lui. —
16. *d*, *ded*, conj., et. — 17. *tamdint*, pl. *temednin*, ville ; arabe مدينة.
— 18. *roubou n saât*, un quart d'heure. — 19. *sious*, de là. — 20. *in*, à,
vers ; *asa*, aor. *iousou*, venir. — 21. *zegni*, moitié, demi ; *ass*, pl. *oussan*,
jour. *zegni n ass*, une demi-journée. — 22. *zoun*, partager ; *mzoun*, aor.
imzoun, se partager. — 23. *af*, sur, par, en. *sen*, fém. *senet*, deux. — 24.
tas d, aor. *itased*, forme d'habitude de *as*, venir.

(a) Les chiffres entre crochets désignent les pages du texte publié en 1885.

af Iferna ded ouait' itased af bout' n t'it' an d meseseroun' d[2] amkan[3], ammalounas[4] alemmas[5] n jidi[6] amellal[7], dis[8] dous[9] tasebballt[10].

Atougoured[11] d brid an d aiouk'a[12] jidi amellal, dis dous tanout[13] tatraret[14]. Sious atased in Nterina, iouk'a ass.

Effer' sious r'ebechcha[15], ar' brid alemmi atased in Djemmal, tamourt'[16] n Iouer Chefaniin. Ouhour sious, atased in Tamàmourt, s addouas[17] tanoutn Bel Gmoudi, agaras d Nterina zegni n ass. Sious atased in amkan ammaloun as Saikhet, dis tezegrin[18] imoul[19].

Erni[20] d brid, atafed[21] Get'is, [p. 2] tamourt' n tirza[22], iouk'a ass [p. 2] *ouidi[23].*

Ougour d jetcha[24], atased in bout' n drar dis t'it' n amen[25], ammaloun as Tit' n tidjarfi[26], agar sen n idourar mek'k'ourt[27], oulin[28] meçàd[29].

Atougoured achchar[30], atased in allar'[31] n Elkhemmasia ded niet[32] touàr[33] imoul, tougour tetennet'[34] an d atouk'a.

Illa[35] dous r'asroun ioudan[36] imezouaren[37], ammaloun as Madjer.

Tendouna. *Sious atased in Tendouna, dis temot'chin[38] d tezemmourin[39] n Ara Amour d assatas[40] tanout n Hellal d allar' n ousef[41] ou Menar. Dous, atekmed[42] elmoudriet n Ifren.*

1. *seser,* aor. *iseser,* joindre, réunir, *meseser,* se réunir, se joindre; *an d meseseroun,* jusqu'à ce qu'ils se rejoignent. — 2. *d, di,* dans, à. — 3. *amkan,* pl. *imkanen,* endroit, lieu ; arabe مكان. — 4. *ammal,* dire habituellement, appeler ; *ammalounas,* ils appellent lui. — 5. *alemmas, d ale mas,* au milieu. — 6. *jidi,* sable. — 7. *amellal,* pl. *imellalen,* blanc. — 8. *dis,* dans lui. — 9. *dous,* là. — 10. *tasebbalt,* fontaine bâtie; arabe سبّالة. — 11. *ougour,* aor. *iougour,* marcher. — 12. *ouk'a,* aor. *iouk'a,* finir. — 13. *tanout,* pl. *tina,* puits. — 14. *atrar,* pl. *itraren,* neuf, nouveau, fém. *tatraret.* — 15. *r'ebechcha,* le lendemain matin. — 16. *tamourt',* pl. *temoura* et *temouraouin,* terre. — 17. *s addou,* au-dessous. — 18. *tezougert,* pl. *tezegrin,* jujubier sauvage. — 19. *imoul,* beaucoup. — 20. *erni,* ajouter, continuer. — 21. *if,* aor. *ioufou,* trouver. — 22. *tirza,* culture, labour. — 23. *ouidi,* fém. *tidi,* autre. — 24. *jetcha,* le lendemain. — 25. *amen,* pluriel sans sing., eau. — 26. *tidjarfi,* pl. *tedjcrfiouin,* corbeau. — 27. *mek'k'ourt,* grands, grandes. — 28. *ali,* aor. *iouli,* monter. — 29 *meçad,* haut; arabe صعد. — 30. *achchar,* un peu. — 31. *in allar',* au bas, au pied. — 32. *nit,* lui; *niet,* elle. — 33. *touàr,* elle est difficile; ar. وعر. — 34. *ennet',* aor. *innet',* tourner. — 35. *eli,* aor. *illa,* être. — 36. *ioudan,* gens. — 37. *amezouar,* pl. *imezouaren,* premier, ancien. — 38. *temot'chit,* pl. *temot'chin,* figuier ; on dit également : *temdit,* pl. *temdai.* — 39. *tazemmourt,* pl. *tezemmourin,* olivier. — 40. *assat,* devant. — 41. *ousef,* pl. *iseffen,* rivière. — 42. *ekm,* aor. *ikmou,* entrer.

ELBAB DI LMOUDRIET N IFREN

Ali d ousef ou Menar alemmi atased in r'asroú Our'arem, ded nit   Our'arem.
Abadhia, illa af ouider[1] n ousef s elgeblet[2], ded ouider abah'ri[3],
dis t'it' n amen, ammaloun as T'afot'chna, dis igou[4] okkoz[5] n temi-
t'iouin[6] d tezdai[7], dis tezzan[8] ir'main[9] irkha[10] d ennegas[11] r'asrou n
Elk'alât, mok'k'or[12] imoul, dis iigg oufes[13] d oudjoun n temit'iouin n
tiddar[14]. Dis charet[15] n temezgidiouin[16] oudjout, ammaloun as Tadou-
ouit, tidi temezgida n Elh'oumet d tidi temezgida n Arnoun. R'asrou
ouh[17] alid si a illar' n drar in irf'[18] ennes, ded nit Abadhia; tella dis
[p. 3] *tala[19] ammaloun as Nanna* [p. 3] *T'ala n Elk'alât, taouinas[20] ibou-*   Elk'alât.
chilen[21] imechkanen[22] alemmi out'nen[23], tsirden[24] disen d amen, at'la-
k'en asen[25] at'louk'[26] iteferredj[27] rebbi[28] r'efsen[29].

R'ersen[30] tik'sebt[31] ammaloun as Tik'sebt n Akkâ, tenni[32] af r'asrou
amok'ran[33] s elgeblet, dis tigg temit'i n tiddar, r'erdisas[34] tik'sebt tidi
s elr'orb[35] n At Bou Khezama. K'ebliasent[36], tik'sebt n Soufit' s iou-   At Bou Khezama
dan imezouaren innet' sis tilaten[37] n temdai d tezourin[38] d elkhoukh[39],

---

1. *ouider* et *aider*, bord, rivage. — 2. *s elgeblet*, au sud ; arabe قِبْلَة. —
3. *abah'ri*, nord ; de l'arabe بَحْر. — 4. *ig*, aor. *igou*, faire. — 5. *okkoz*,
quatre. — 6. *temit'i*, pl. *temit'iouin*, cent, centaine. — 7. *tezdit*, pl. *tezdai*,
palmier. — 8. *ezza*, aor. *izza*, planter ; *tezza*, forme d'habitude. — 9. *ar'-*
emma, pl. *ir'main*, légume. — 10. *irkha*, beaucoup. — 11. *d enneg*, au-
dessus. — 12. *mok'k'or*, grand. — 13. *oufes*, cinq, main. — 14. *taddart*,
pl. *tiddar*, maison. — 15. *charet*, trois. — 16. *temezgida*, pl. *temezgi-*
diouin, mosquée. — 17. *ouh, iouh*, ce, cet. — 18. *ir'f*, pl. *ir'faoun*, tête,
sommet. — 19. *tala*, pl. *teliouin*, mare alimentée par une source. — 20.
taoui, forme d'habitude de *aouid*, aor. *iouid*, apporter. — 21. *bouchii*, pl.
ibouchilen, enfant. — 22. *amechkun*, pl. *imechkanen*, petit. — 23. *at'en*, aor.
iout'en, être malade. — 24. *tsired*, forme d'habitude de *sired*, aor. *isired*,
laver (rac. *irid*, être propre). — 25. *at'lka'*, lâcher ; arabe طلق. — 26. *at'-*
louk', parfums. — 27. *iteferredj*, arabe تَفَرَّج, consoler, délivrer de. — 28.
Rebbi, Dieu ; arabe رَبِّي. — 29. *r'ef*, sur. — 30. *r'er*, chez ; *r'ersen*, chez
eux, ils ont. — 31. *tik'sebt*, pl. *tek'esbin*, bourgade fortifiée ; ar. قَصَبَة.
— 32. *enni*, aor. *inni*, monter sur, chevaucher. — 33. *amok'ran*, pl. *imo-*
k'ranen, grand. — 34. *r'erdis*, auprès de. — 35. *s elr'orb*, à l'ouest ; ar.
غرب. — 36. *k'ebli*, au sud ; ar. قِبْلى. — 37. *talat*, pl. *tilaten*, ravin. — 38.
tezourit, pl. *tezourin*, vigne, raisin. — 39. *elkhoukh*, pêcher, pêche ; ar.
خوخ.

oual itek'oud[1] oudjoun atiouihet[2] di oul[3] ennes.

Oumm Eldjorsan. R'orbi n Elk'alât, r'asrou ouail' ammaloun as Oumm Eldjorsan, agai asen tagouria[4] n zegni n saât, ded nit d imi[5] n tadziret[6] tella af ir'f n drar innet' sis[7] azemmour d temdai dis temezgida di ar'ledh[8], dis oufes n tiddar n iâzzaben[9] Abadhia ded iidi[10] Imalkien[11] igoun senet n temit'iouin d zegni[12] n tiddar.

In Yah'ii. R'erdisas, tik'sebt In Yah'ii, niet Imalkien, r'orbi r'asrou amok'ran, ded niet af ir'f n drar, s addouas ousef n Chiloua itetchchar[13] s azemmour, iner'ell[14] amen ennes d enneg Elget't'ar.

Tezourait. Ekm sious in alemmas n tadziret d brid n draâ[15], atased in r'asrou n Tezourait, af ir'f n tah'fafet[16] inet't'sis azemmour [p. 4]. K'eblias talat n tanout, dis tanout n amen, ded niet temzoun af senet, agarasent tanout, ammalounas Mit'er d temezgida ammalounas tah'ouarit[17], enner'en sis izekkouen[18]; bah'rias temezgida n Tiâizzebt; tigg temit'i n tiddar Abadhia.

[p. 4]

Ar' sious mbah'ar[19] d brid, atased in teniiet[20] tetaouid[21] ioudan s T'rables, brid n Solt'an, d allar' n teniiet in bah'ar achchar dis senet n tina, ammaloun asent tina n T'ar'ma; d allar' n tah'fafet, r'erdisasent, tik'sebt tamezouart.

Tar'ma. Ali sious d teniiet, atased in Tar'ma d niet sen n ir'asi a, agarasen elmil[22]; techerk'it[23] ammaloun as Yah'ii Abadhia, dis temezgida, tigg ouier[24] d tiddar, tell'a af ir'f n tah'fafet, s cherk' drar

---

1. tek'oud, forme d'hab. de k'oud, aor. ik'oud, pouvoir. — 2. ouihet, aor. iouihet, compter. — 3. oul, pl. oulaoun, cœur. — 4. tagouria, marche; rac. ougour, marcher. — 5. imi, pl. imaoun, bouche, entrée. — 6. tadziret, pl. tedzirin, île, îlot, oasis; ar. جزيرة. — 7. innet' sis, tourne avec elle, l'entoure. — 8. ar'ledh, pl. ir'eldhen, rue. — 9. dzzab, pl. idzzaben, reclus, religieux; ar. عزب. — 10. iidi, pl. fém. de tidi, autre. — 11. amalki, pl. imalkien, malékite. — 12. senet n temit'iouin d zegni, deux cent cinquante. — 13. tetchchar, forme d'habit. de etchchar, aor. itchchar, remplir. — 14. ner'ell, verser, faire couler; cf. rac. ar. غلّ. — 15. drad, bras, colline; ar. ذراع. — 16. tah'fafet, pl. teh'fafin, berge, bord; ar. حافة. — 17. tah'ouarit, apostolique; ar. حوارىّ. — 18. zekka, pl. izekkouen, tombeau. — 19. mbah'ar, au nord. — 20. teniiet, col; ar. ثنية. — 21. taoui, forme d'habitude de aoui d, amener, apporter. — 22. elmil, un mille. — 23. techerk'it, orientale. — 24. ouier, pl. iaren, mois, lune: ce mot est employé dans le système d'énumération des Nefousa pour exprimer le nombre « trente ».

d elr'orb azemmour; d tr'orbit[1] ammaloun as Tar'ma, dis ou-goun sen n ifessen n tiddar Iâraben, ammaloun asen Chouiab, tigg temit'i d zegni n tiddar Abadhia, dis temezgida n h'aouariin[2] cherk'i r'asrou, ded niet d alemmas n zemlet[3] tella di ir'f n tah'fafet, dis isar'r'en[4] erkhan[5] n amen n anzer[6] d tina nsen ebâdnet[7] imoul, ella-

[p. 5] *net di bout' n drar di lkhechaich[8], [p. 5] senet nemellent s cherk' d oudjout s elr'orb, ammaloun as Elkelbia. Tella di zemlet ouh tadziret aiatef[9] ergaz[10] dis, oul itagged[11] mammou ir'esset, alemmi adasoun ioudan n dounit[12], ded niet azrou[13] oudjoun, imi nnes s cherk' kamoun sis d azrou nnes iigg temit'i n ir'allen[14]; dis s elr'orb temidal[15] d alemmas n azrou mek'k'ourt imoul, er'zountent[16] ioudan imezouaren.*

Ougour r'orbi n Tazourait d Tar'ma, atased in At ou R'asrou, ioused af oukrim[17] n drar, ennet'net sis tina erkhanet, sen n ifessen, d azemmour innet' sis. Di r'asrou temezgida. Ellan dis Oudain[18] sen n ifessen ded senet n tiddar d imazir'en[19] zegni n temit'i n tiddar. Dous, temezgidiouin oufes, oudjout s cherk' ammaloun as Nanna Tioua-triouin, tella af ir'f n drar, ezzaroun[20] dis si Souf Ethel, tanem-mir![21] ennès mok'k'riet, d oudjout ammaloun as Ammi Ameur ou Ali Achemmakhi, tella d alemmas n elr'abet[22], r'erdisas izekkouen ennet'en sis, d oudjout s elk'iblet ammaloun as temezgida n Our

[p. 6] *Set't'of d alemmas n akhrib[23], teh'addet[24] [p. 6] temezgida mechkiet[25], ammaloun as Ammi T'ahar s cherk' d tidi, ammaloun as Ammi*

At ou R'asrou.

---

1. *tr'orbit*, occidentale. — 2. *h'aouari*, pl. *h'aouariin*, apôtre ; ar. حوارى.
3. *zemlet*, croupe ; ar. زملة. — 4. *aser'*, pl. *isar'r'en*, bassin, citerne. — 5. *erkhan*, fém. *erkhanet*, être nombreux, sing ; *irkha* ; rac. ar. رخى. — 6. *anzer*, pl. *inzaren*, pluie. — 7. *ebâd*, aor. *ibâd*, être éloigné ; ar. بعد. — 8. *elkhochchet*, pl. *elkhechaich*, crevasse, fente. — 9. *atef*, aor. *ioutef*, péné-trer, entrer. — 10. *ergaz*, pl. *irgazen*, homme. — 11. *tagged*, forme d'habi-tude de *agged*, aor. *iougged*, craindre. — 12. *dounit*, monde, ar. دنيا. — 13. *azrou*, pl. *izra*, rocher. — 14. *r'ill*, pl. *ir'allen*, bras, coudée. — 15. *temidelt*, pl. *temidal*, magasin, chambre à provisions. — 16. *er'z*, aor. *ir'zou*, creuser, être creusé. — 17. *oukrim*, pl. *ikerman*, dos, croupe. — 18. *oudai*, pl. *oudain*, Juif. — 19. *mazir'*, pl. *imazir'en*, Berbère. — 20. *ezzar*, forme d'ha-bitude de *ezer*, aor. *izrou*, voir. — 21. *tanemmirt*, bénédiction. — 22. *elr'abet*, bois, oasis ; ar. غابة. — 23. *akhrib*, ruines ; rac. ar. خرب. — 24. *h'add*, aor. *ih'add*, toucher à, être attenant à ; ar. حدّ. — 25. *mechek*, fém. *mechkiet*, verbe d'état, être petit.

4

*Abd Elouh'ad, tella d alemmas n talat n Disir, ennet'en sis izek-
kouen idrous'.*

At Elh'aret.

Sious, atahouid in At Elh'aret, dis roubou d oudain d charet n
irouban³ d Imazir'en, ded niet toused af ir'f n tah'fafet di azrou, s
addouas tanout oudjout oul dis ch amen erkhan, dis senet n temezgidiouin, oudjout addai⁴ d oudjout meçâd; dis s cherk' elknisiet⁵ n
Oudain d alemmas n talat d assatas tik'sebt n Khelifa ou Madhi
tella af ir'f n drar, dis oufes n tiddar d senet n temezgidouin, tait'
assat tidi⁶, ammaloun as Merçaoun d assatas elknisiet n Oudain
mok'k'riet imoul, tasoun as ed Oudain n Ifren tazzaloun⁷ dis; ded
charet tiouh ellanet di akhrib. R'orbi n tik'sebt izekkouen n Oudain; k'ebliasen d ir'f n talat tanout ammalounas Ou Aisi, saoun⁸
sis At Mân, r'asrou mechek, ioudan ennes Abadhia, ioused d
alemmas n akhrib, dis zegni Oudain ded zegni Imazir'en. Tella dis*
[p. 7] *temezgida mok'k'riet ammaloun as Mok'k'or, issi⁹ Ammi Ameur* |p. 7|
*itesâzem'⁰ dis ennet'en sis irouan¹¹. Ammaloun r'efs mok'k'or
ousser¹², oul ik'oud ch aikker¹³ aiffer'; ousoun as ed ibezit'en¹⁴,
houaned addouas. Imlou : A Rebbi, tchek¹⁵ d ajellid¹⁶ amok'ran,
atsired amkan ouh. Iouid Rebbi tajenouit¹⁷ n anzer, iourou¹⁸ ka-
mour¹⁹ s denneg as isired ten çabih'²⁰. Ousoun ed adçet'chen²¹
ouk'dou iih²², oul iab²³ ait't'ef²⁴ teçot'chi in assou²⁵.*

Khelifa
ou Madhi.

1. *idrous*, un peu. — 2. *ahoua*, aor. *ihoua*, descendre; ar. هوى. — 3. *charet n irouban*, les trois quarts. — 4. *addai*, en bas. — 5. *elknisiet*, synagogue, église; en ar. كنيسة. — 6. *tait' assat tidi*, l'une devant l'autre.
— 7. *tazzal*, forme d'habitude de *ezzal*, aor. *izzoul*, prier; ar. صلّ. —
8. *saou*, forme d'habit. de *esou*, aor. *isouou*, boire. — 9. *issi*, était. —
10. *itesâzem*, il professait, forme d'habitude et factitive de *dzem*, aor.
idzem, lire, réciter, étudier; rac. ar. عزم. — 11. *irou*, pl. *irouan*, écrivain,
étudiant, t'aleb: rac. *ari*, aor. *iouri*, écrire. — 12. *ousser*, pl. *ioussaren*, vieux.
— 13. *ekker*, aor. *ikker*, se lever. — 14. *ibezit'en*, pluriel sans singulier, urine;
bezet', aor. *ibezet'*, uriner. — 15. *tchek*, fém. *chem*, et *chemmi*, toi. —
16. *ajellid*, pl. *ijeldan*, roi, souverain. — 17. *tajenouit*, pl. *tejenouin* et *tije-
noua*, nuage. — 18. *ar*, aor. *iourou*, ouvrir. — 19. *kamour*, pl. *ikoun ar*,
voûte, plafond. — 20. *çabih'*, adv. bien; ar. صبيح. — 21. *çet'ch*, aor. *içet'chou*,
bâtir; *teçot'chi*, bâtisse. — 22. *ouk'dou*, pl. *ik'diin*, trou; *ouk'dou iih*, ce
trou. — 23. *oul iab*, il ne voulut pas. Cf. l'expression d'arabe vulgaire لابّى
— 24. *et't'ef*, aor. *it't'ef*, tenir, saisir. — 25. *assou*, aujourd'hui; *in assou*,
jusqu'à ce jour.

D assat At Màn, tik'sebt n At Grada d At Bou Serafa, agarasent temezgida, ammaloun as At Boulal, d tanout ammaloun as R'orab, tella d alemmas n akhrib, niten Abadhia.

At Grada.
At Bou Serafa.

Cherk'iasen r'asrou n Ou Tebakhbou, d alemmas n akhrib, r'erdisas temezgida s cherk' d zaouiet n Elh'adj Salem, mek'k'ourt imoul.

Ou Tebakhbou.

R'orbiasen tik'sebt n At Mechoucha d alemmas n akhrib, Abadhia. Cherk'ias, temezgida n Ilichan, mok'k'riet, tezzaloun dis tek'esbin charet ass n legmet[1].

At Mechoucha.

K'ebli n At Mechoucha, senet n tina n amen ammaloun asent El-
[p. 8] *melh'a; r'orbiasent, tik'sebt n Bandaou,* [p. 8] *dis oufes n tiddar Abadhia d alemmas n akhrib, tella d ir'f n drar, s addouas azrou mok'k'or dis ter'aza[2] n ioudan imezouaren, tigoun charet n ifessen[3] n temidal, tesekramen[4] disent ik'ebbach[5] ensen.*

Bandaou.

Bah'ri n Bandaou, ir'asra n Tourk sen agarasen temezgida d tiddar n Tourk ougounet ouier; s addou r'asrou minedj[6], souk'n Solt'an, r'erdisas temezgida mechkiet d aser' dides[7] d alemmas n zemlet af ir'f n tah'fafet; s addouas t'it', ammalounas t'it' n Tagarbouset, d ennegas s cherk', r'asrou n Tagarbouset, Abadhia. R'ersen isar'r'en imoul. Dis temezgida d alemmas n r'asrou. Tella af ir'f n tah'fafet d alemmas ennes talat tehogga[8] in t'it' n amen d t'it'ouh tetcharoun sis Ettourk d ioudan n Tagarbouset, dis iigg oufes u temit'iouin d tezdai, tougoun dis zalim[9] ded felfel[10] aourar'[11].

Tirou touk'a tadziret n Ifren.

ELFEÇOL DI TAMOURT' N ILER'ZAZ

Anadel[12] tirou[13] d ousef n Ter'ouzia, ammaloun as Ibiaten[14] Ouadi
[p 9.] *ller'zaz, dis* [p. 9] *oufes n tek'esbin, ioused s addou tah'fafet tennet' sis si koull amkan, dis imi s mbah'ar itaoui in djefaret[15] ded niten Imalkien :*

1. *ass n legmet*, le vendredi; ar. جمعة. — 2. *ter'aza*, nom verbal de *er'z*, creuser. — 3. *charet n ifessen*, quinze; mot à mot: trois mains. — 4. f. fact. habit. de *akram*, déposer. — 5. *ik'ebbach*, effets. — 6. *minedj*, supérieur. — 7. *did*, avec. — 8. *hogga*, form. intensive de *houa*, descendre. — 9. *zalim*, pl. *izalimen*, oignon. — 10. *felfel*, piment; ar. فلفل. — 11. *aourar'*, pl. *iourar'in*, jaune. — 12. *adel*, aor. *ioudel*, commencer. — 13. *tirou*, maintenant. — 14. *Abiat*, pl. *Ibiaten*, arabe; rac. ar. بيت. — 16. *djefaret*, Djefara, plaine entre Tripoli et le Djebel.

Elmesâid.   *Tik'sebt temaddait* [1] *ammaloun as Elmesâid, tella di irf' n drar, di₃ temezgida mechkiet. D enneg as, tik'sebt n At At'ia teh'addet s cherk' tik'sebt n At Khelifa, s addou azrou, d ennegas Elget't'ar tamourt' n tezourin d tazemmourt* [2] *d temdai imoul iner'ell dis amen n Taroumit.*

At Ât'ia.

At Khelifa.

Bou Khet'am.   *S elr'orb n Elget't'ar, tik'sebt n Bou Khet'am.*

Iouk'a dous ousef n Ter'ouzia.

ELFEÇOL DI TAMOURT' N TAROUMIT

Anali tirou in Taroumit, dis oufes n ir'asra mek'k'ourt ded niten Imalkien d enneg tah'fafet, agarasen ousef n amen itechchar s ir'main.

At Sah'el.   *R'asrou abah'ri At Sah'el, illa d ir'f n drar; assatas At Yah'ia*

At Yah'ia.   *af ouider n ousef n amen itazel* [3].

At Djellal.   *K'eblias At Djellal, ibab ennes zegni ichemdjan* [4] *ded zegni imellalen, tamourt' n temdit d tezdit tella cherk' n ousef.*

Elk'et'â.   *R'asrou ouait', ammaloun as Elk'et'â, illa s addou drar, r'orbi n ousef.*

At Aouafia.   [p. 10] *D ennegazent, r'asrou n At Aouafia, illa d ir'f n drar cher-* [p. 10] *k'i n ousef d ennegas t'it' n ousef tamok'rant tetesesou* [5] *ousef d amen ennes hoggₐn in Elget't'ar.*

Iouk'a dous Taroumit.

ELFEÇOL DI TAMOURT' N ELKHELAIFIA

Tirou anr'orreb [6] *in Elkhelaifia.*

Zorgan.   *Anadel si r'asrou n Zorgan, illa d alemmas n elr'abet n azemmour d temot'chin af ouider n talat, assatas senet n tina saoun sisent, ebâdnet af r'asrou, agar Zorgan d Taroumit tagouria n saât.*

Elbrahma.   *Defferasen* [7] *r'asrou n Elbrahma, illa af ir'f n tah'fafet s mbah'ar*

---

1. *maddai*, fém. *temaddait*, inférieur. — 2. *tazemmourt*, collect. oliviers. — 3. *tazel*, couler, forme d'habit. de *ezel*, courir, couler. — 4. *ichemdjan*, nègres; on emploie pour le singulier le mot *agnaou* اكْناوى. — 5. *tesesou*, forme factitive et d'habitude de *esou*, boire. — 6. *r'orreb*, aller à l'ouest; ar. غرب. — 7. *d effer*, derrière.

n Zorgan ; r'ersen azemmour irkha d temot'chin erkhanet d temou-
raouin tiidi ellanet d ousef dis amen n t'it'aouin erkhan tigoun dis
ir'main imoul.

At Diab d At At'ia ellan af aider n ousef s cherk' d At Eloued s   At Diab.
elr'orb. Ir'asra iouh ousouned di zemlet. D enneg ousef, tina erkha-   At At'iâ.
net ougounet okkoz n ifessen ammaloun asent T'âouir.at, tiddi[1] n ta-
nout tiddi n bn Adem[2] tesesoun disent Ibiaten erkhan teler'min[3] d
tatten[4].d ter'at'in[5] di noudou[6], hoggan r'efsent.

[p. 11] *R'asrou* [p. 11] *ouait', ibâd r'efsen tagouria n zegni n saât, amma-*
loun as At Sr'ier, illa af ir'f n tah'fafet n zemlet s elr'orb, s addouas   At Sr'ier.
ousef n Elbagoul idr'rek'[7] imoul di toukrimt[8] ennes t'it' n amen
ih'laoun[9] imoul.

Ased sious in zaouiet n elâlem tella d alemmas n T'ahar agar
Elkhelaifia d Riaina d alemmas, agarasen tagouria n senet n saât.

ELFEÇOL DI TAMOURT' N RIAINA

Anekm tirou Riaina ded niten Imalkien.

Anadel si cherk' : R'asrou amezouar, ammaloun as At ou Ali, illa   At ou Âli.
f ir'f n tah'fafet dis temezgida n Ibiaten d allar' n tah'fafet t'it'
n amen, dis tezdai idrous, saoun sis At ou Ali ded r'ersen isar'r'en
erkhan.

Deffer r'asrou tik'sebt n Elr'oraba innet' sis azemmour.   Elr'oraba.

Sious r'orreb, atased in At Bou H'asien, r'asrou mok'k'or imoul, At Bou H'asien,
dis senet n temezgidiouin, agaras d At ou Ali tagouria n saât. Tella
af ir'f n tah'fafet, di bout' ennes, t'it' n amen mok'k'rit imoul, dis
tezdai erkhanet.

[p. 12] *R'erdisas r'asrou ouait'* [p. 12] *mok'k'or, ammaloun as At Elâin,* At Elâin.
dis iigg oufes n temit'iouin n tiddar, ioused d allar' n tah'fafet
tennet' sis tah'fafet si koull amkan.

Di ir'f n tah'fafet s elr'orb r'asrou n At Abd Elâziz, dis temezgida At Âbd Elâziz.

---

1. *tiddi*, taille. — 2. *bn Adem*, fils d'Adam, homme. — 3. *alr'em*, pl.
iler'man, chameau ; fém. *taf'remt*, pl. *teler'min*. — 4. *tili*, pl. *tatten*, brebis.
— 5. *tr'at'*, pl. *ter'at'in*, chèvre. — 6. *noudou*, été ; *di noudou*, en été. —
7. *edr'rek'*, aor. *idr'rek'*, être profond ; rac. ar. غرق. — 8. *toukrimt*, petite
croupe, cou. — 9. *ah'laou*, aor. *ih'laou*, être doux ; ar. حلو.

assatas isar'r'en n amen n anzer, alemmi adouk'an taouined amen si t'it' di bout' n tah'fafet. R'orbi At Abd Eláziz, zemlet mok'k'rit imoul, dis charet n ir'asra d dis zaouiet n Senousi.

Elfouadhel.

R'asrou oudjoun ammaloun as Elfouadhel, agaras d At Abd Eláziz tagouria n zegni n sadt, ded nit illa d alemmas n zemlet innet' sis

Elágiba.

azemmour, d ouait' ammaloun as Elágiba, illa af ir'f n azrou, dis temezgida, s addouas t'it' n amen mok'k'rit dis tezdai imoul, saoun sis ioudan n r'asrou.

At Rian.

Assatas, r'asrou n At Rian, illa af ir'f n drar, s addou r'asrou t'it' n amen mok'k'rit dis tezdai imoul ; niet taneggarout[1] n elmoudriet n Ifren s elr'orb. At Rian r'ersen akhrib assatasen ammaloun as akhrib n Chemmakh, amezouar n bab n aoual[2]. Sious tirou, oul dis ioudan, imezza[3] temot'chin iigg temit'i n tilaten n temdai.

[p. 13] ELBAB DI LMOUDRIET N FOSAT'O

ELFEÇOL DI TAMOURT' N ZENTAN

Zentan.
Tar'ermin.

Anadel tirou di lmoudriet n Fosat'o : Amezouar ennes s cherk' Zentan, ded niet toused di T'ahar[4], af zelmat'[5] ennes akhrib n Tar'ermin, ded niet Imalkien. Dis okkoz n ir'asra mek'k'ourt ougoun ouier n temit'iouin n iterrasen[6], sisen achchar ellan di loudsa[7] ded sisen mammou illa di r'asrou.

At Douib.

Amezouar ensen ammaloun as At Douib, illa d alemmas n talat n azemmour innet' sis, d dis achchar n tiddar er'zounet ter'aza saddou tamourt' : er'zoun okkoz n ifessen n ir'allen s oudem[8] n tamourt' in allar' ennes, takmoun s addou tamourt' tezek'ouin[9] d irdjanen[10], igounas d enneg tezek'ouin temidal. Imi n taddart, igounas aderriouin[11] alemmi ad souffr'en imi n taddart d amkan ouait' ; d dis,

---

1. *aneggarou,* pl. *ineggoura,* dernier ; fém. *taneggarout,* pl. *tineggoura.* — 2. *amezouar n bab n aoual,* ancêtre de l'auteur. — 3. *mezza,* forme passive de *ezza,* aor. *izza,* planter. — 4. *T'ahar,* le plateau tripolitain. — 5. *af zelmat',* à gauche. — 6. *aterras,* pl. *iterrasen,* piéton. — 7. *loudsa,* désert pierreux et coupé de ravins. — 8. *oudem,* pl. *oudmaoun,* visage, surface. — 9. *tezek'a,* pl. *tezek'ouin,* chambre. — 10. *irdji,* pl. *irdjanen,* grotte. — 11. *aderrou,* pl. *aderriouin,* escalier.

*achchar n tiddar içet'chou si imchem¹ ; ded niten kesben² azemmour
d teler'min d tatten, oul r'ersen ch amen n t'it'aouin d tina, saoun
amen n anzer, r'ersen isar'r'en imoul.*

[p. 14] *S defferasen, r'asrou n At Khelifa mechek, illa di ir'f [p. 14] n
drar, ioudan ensen tázzeben³ in Eloudsa.*　　　　　　　　　　　　　At Khelifa.

Assat At Khelifa, At Belhoul, tiddar ensen er'zounet tr'aza, dis　At Belhoul.
igoun oufes d sen n temit'iouin n tiddar.

R'asrou ak'ebli ammaloun as Elgouasem, zegni n tiddar teçet'chi d　Elgouasem.
*zegni tr'aza; disen zaouiet n Senousi, ir'ar⁴ dis Elh'adj Belk'asem
Adjriou, bab n talr'emt terkha. Iouk'a dous Zentan.*

ELFEÇOL DI TAMOURT' N RODJEBAN

*Adnas sious in Rodjeban, agaras d Zentan ousef mok'k'or imoul,
ammaloun as Metlala, ammaloun as Ouadi Lakhira.*

Di bout' ennes in addai di ldjefaret, r'asrou n At Elh'adj tesekra-　At Elh'adj.
*men dis Ibiaten temeddourt⁵ ensen, oul tek'imoun⁶ ch dis ; illa dis
nilti⁷ ennes. S addouas, s mbah'ar, t'it' n amen mok'k'rit d tezdai
irkha d ibab ennes ibab n ibirgan⁸, khoggan⁹ tsehouan¹⁰ di temoura.
Di ir'f n ousef ouh in ennedj¹¹, d aliar' n azrou, t'it' n amen
tsesouen dis teler'min d tatten.*

Anali tirou in Rodjeban, anadel s 'ik'sebt n At Brahim, tella d　At Brahim.
alemmas n azrou, dis t'it' n amen assa' tik'sebt mok'k'rit imoul, dis
[p. 15] *tezdai [p. 15] d temdai d tezourin, tigoun dis ir'main d ioudan ennes
imk'orten¹², ougoun zegni n temit'i n tiddar.*

Atalid sious in bah'ar, atased in Tirekt, ammaloun as At At'ia,　Tirekt.
*dis zaouiet n Senousi, dzemen dis Ibiaten, ded nit d alemmas n ta-
lat, tigg temit'i n tiddar, tella af ir'f n tah'fafet, s elr'orb n r'asrou*

---

1. *imchem*, plâtre. — 2. *kseb*, aor. *ikseb*, posséder. — 3. *tázzeb*, faire
paître au loin. — 4. *r'ar*, aor. *ir'ar*, lire, étudier, réciter. —5. *temeddourt*,
vie, subsistance; rac. *edder*, aor. *idder*, vivre. — 6. *tek'im*, forme d'hab. de
k'im, aor. *ik'im*, rester. — 7. *nilti*, pl. *inilten*, gardien, berger. — 8. *birgen*, pl. *ibirgan*, tente. — 9. *khogga*, aor. *ikhogga*, forme intensive de
khoua, enlever; ar. خوى — 10. *tsehouan*, descendre. — 11. *in ennedj*, vers
le haut. — 12. *mok'ret*, pl. *imk'orten*, voleur.

azemmour irkha d akhrib d akbouri [1] *; dis drar, di ir'f n drar tat'lalet* [2], *ammaloun as tat'lalet n Fridis.*

Charen.

*Bah'ri n At Af'ia, r'asrou ammalounas Charen, illa af ir'f n tah'fa-
fet, r'ers azemmour d tatten ensen imoul; dis temezgida. R'orbi n
r'asrou, akhrib mok'k'or, ammaloun as Idref, dis temezgida n imezouaren mok'k'rit imoul, d alemmas n elr'abet.*

Zâfrana.

*Bah'ri n akhrib, r'asrou ouait', ammaloun as Zâfrana, illa af ir'f
n azrou, dis achchar n tiddar Imazir'en d achchar Ibiaten; dis temezgida n Abadhia d t'it' d allar' n azrou saoun sis ; r'ersen isar'r'en
imoul. Azemmour ensen ioused s elr'orb n r'asrou.*

Elr'olth.

*Sious atased in r'asrou n Elr'olth, illa d alemmas n elr'abet in-
net' sis azemmour, dis temezgida n Abadhia tak'dimet* [3]. *Amen ensen
ellan d alemmas n ousef,* [p. 16] *t'it' mechkiet, tebâd r'efsen touâr* [p. 16]
imoul.

Zentout.

*Erni sious cherk'i n r'asrou, atased in r'asrou n Zentout, illa af
ir'f n azrou igou am oukrim n ziet'* [x], *mok'k'or imoul iouâr, dis imi
s elr'orb d elr'abet tebâd r'efsen ; dis temezgida mok'k'rit d amen
ensen d allar' n azrou ouâren imoul edr'ork'en, di tanout oudjout.*

*Ir'asra iouh oufes d oudjoun et't'fen oudjoun d oudjoun aten tezrad
si oudjoun sisen. Ioudan ensen, di rebiâ* [4], *teffr'en did n teler'min* [5]
d tatten, di noudou tasouned in ir'asra ensen.

At Tardaït.

*Ik'imd sisen r'asrou, ammaloun as At Tardaït, imzoun af sen n
ir'asra, agarasen akhrib n ioudan imezouaren, amechkan dis igou
ouïer n tiddar, illa d alemmas n zemlet d amok'ran illa af ir'f n
tah'fafet, dis assatas temezgida, ammaloun as Ammi Yah'ia Atardaïti,
d ioudan ennes zegni Imazir'en ded zegni Ibiaten. Amen ensen d
alemmas n elr'abet, tanout ; r'ersen isar'r'en imoul d t'it' n amen di
bout' n tah'fafet, s addou brid amok'ran, talin sis Rodjeban d ioudan iaït' si Idjefaret. R'ersen azemmour irkha d tir'iouin* [6] *ensen
imoul,* [p. 17] *temoura n mendi* [7]. *Kerzen di Idemnet* [8] *irkha ded* [p. 17]
niet tebâd af ir'asra iidi tagouria n sadt.

1. *akbouri*, ancien. — 2. *tat'lalet*, pl. *tet'lalin*, trace, vestige de maisons;
ar. اللةب. — 3. *ak'dim*, fém. *tak'dimet*, ancien; ar. قديم. *ziet'*, pl. *izit'en*,
âne, fém. *teziet'*, pl. *tezit'in*. am oukrim n ziet', comme le dos d'un âne. —
4. *di rebiâ*, au printemps; ar. ربيع. — 5. *did n teler'min*, avec leurs
chamelles. — 6. *tir'i*, pl. *tir'iouin*, champ. — 7. *mendi*, céréales. — 8.
Idemnet, espace vide entre les k'çour.

R'orbiasen r'asrou n Achefi, ikan[1] n Imazir'en d tirou n Ibiaten,   Achofi.
dis temezgida ammaloun as Ammi T'ahar, bab n tanemmirt ded niet
d alemmas n elr'abet innet' sis azemmour ; saoun si tanout ded r'er-
sen isar'r'en imoul.

<h3 style="text-align:center">ELFEÇOL DI TAMOURT' N FOSAT'O</h3>

R'orbias, r'asrou n It'ermisen, illa af ir'f n azrou, dis imi s elk'i-   It'ermisen.
blet, dis temezgida tah'ouarit det niet tamezouart n Fosat'o, Aba-
dhia Imazir'en, dis igou zegni n temit'i n tiddar ; saoun si tanout d
isar'r'en.

S addouas, amkan n amen mok'k'or imoul ammaloun as Tefiri,   Tefiri.
illa di ldjefaret ded nit tina et't'efnet oudjout d oudjout igounet
okkoz n ir'alien, alemmi atsehouid ouga[2], atesled[3] doui[4] n amen
zadhoun[5] am tasirt[6], a ten tezred ougouroun. Assat r'asrou, demnet
ensen niten d Fosat'o, zemlet mok'k'riet imoul, agaras d Fosat'o tagou-
ria n saât. S addouas s elr'orb ousef mok'k'or.

p. 18]   *Sis, anekm Fosat'o, nit Abadhia, kerzen imoul ; r'ersen* [p. 18]
azemmour d tatten d ter'at'in imoul d teler'min edrous.

Anadel si tik'sebt n Oudjlin, dis temezgida mechkiet, tigg ouier n   Oudjlin.
tiddar, tella af ir'f n tah'fafet. S addouas ousef d azemmour ioused
s cherk' ennes. Assatas, tik'sebt n Ouchebari, agarasent talat
mechkiet, ded niet af ir'f n tah'fafet, dis temezgida d amen ensent si
t'it' n Temouget', tella d alemmas n drar ounnouch[7] ansiouel[8] r'efs.

Assat Ouchebari r'asrou n Talat Noumiran agarasent drar iou-   Talat Noumiran.
den[9] touḥ af touh ; tella di bout' n drar, dis temezgida. Assatas
talat n azemmour ; s addouas elmek'am[10], ammaloun as Bou Chiba
tezaroun[11] dis tesednan[12] d irgazen. R'asrou iouh iigg temit'i n tid-
dar Abadhia.

---

1. *ikan,* il était. — 2. *ouga,* pl. *ijougen,* seau en cuir. — 3. *sel,* aor.
islou, entendre. — 4. *doui,* bruit, bourdonnement ; ar. دوّى. — 5. *ezdh,*
aor. *izdhou,* moudre, broyer. *zadh* forme fréquentative et intensive. — 6.
tasirt, pl. *tesira* et *tesar,* meule à moudre le grain. — 7. *ounnouch,* encore.
ounnouch' ansiouel r'efs, dont nous parlerons encore, équivaut à l'expression d'arabe vulgaire ما زلنا. — 8. *siouel,* aor. *isiouel,* parler. — 9. *aden,*
aor. *iouden,* couvrir, cacher. — 10. *elmek'am,* station, lieu vénéré. — 11.
zar, aor. *izar,* visiter. — 12. *temet't'out,* pl. *tesednan,* femme.

Temouget'.
    S addou r'asrou, lik'sebt ammaloun as Temouget', dis temezgida, tella d alemmas n drar temagel¹ d ennegas Talat Noumiran d s addouas At Ignaoun ; tigg tiddar charet n ifessen.

T'it n Temou-
get'.
    S addouas T'it' n Temouget' mok'k'riet mefnouniet² tetesesou tezdai d azemmour d tedjemma³ ougounet oufes n temit'iouin, hoggan amen ennes in At Ignaoun, kamoun di asser' n Abi Obeida d alemmas n temezgida, dis iferouen⁴ mek'k'ourt, hoggan dis [p. 19] amen [p. 19] *tesesoun sisen tedjemma iouh. Af iouh, ammaloun r'efsen : ioudan ougouroun in amen d At Ignaoun tasoun asen d amen. D t'it' ouh toused d alemmas n azrou atsekmed dis oufes n agnaou amok'ran, tsirednet s addouas tesednan ik'ebbach d toudeft⁵. Assatas, tanout tetcharoun sis ioudan, tella d alemmas n drar, amen ennes ah'laoun imoul.*

At Ignaoun.
    D allar' n Temouget', rasrou n At Ignaoun, illa di lkhechchet oul dis ch azemmour, dis tezdai erkhanet, innet' sis azrou si koull amkan, hoggan sis ioudan in eldjefaret did n ousef amok'ran, ammaloun as ousef n Zerga, iner'r'ell di ldjefaret iffal⁶ af Chekchouk,

Chekchouk.
ded Chekchouk r'asrou n Chogran d Elbedarna, içet'chou af t'it' n amen, dis tezdai imoul, tigoun dis ir'main ded niet tamourt' n eloukhem⁷, ibab ennes inh'ifen⁸. At Ignaoun, dis elmek'am n Abi Obeida, d enneg r'asrou, it't'ef dis, d elmek'am n Ammi Yah'ia s addouas, ibâd r'efs achchar. R'asrou iouh, dis temit'i d zegni n tiddar, çanât⁹ ensen tesar, imok'ranen d imechkanen.

Djadou.
    Sious, ali d brid n eldjefaret, atased in r'asrou n Djadou, [p. 20] [p. 20] *illa di ir'f n drar, assatas talat n azemmour, s addouas azrou d alemmas ennes charet n temezgidiouin d s addouas oudjout, ammaloun as temezgida n Elkhoukhet d tidi Ammi Beidet Elgnaouni d temezgida n r'asrou, tigou oufes n temit'iouin n tiddar, saoun ioudan ennes si tanout nemltet tah'laou d elh'iouan¹⁰ saoun si tanout d alemmas n drar, agar At Ignaoun d Djadou. R'ersen azemmour*

---

1. *magel*, forme passive de *agel*, aor. *iougel*, accrocher, suspendre. — 2. *mefnouniet*, réputée, célèbre; rac. ar. فنّ. — 3. *tedjemmi*, pl. *tedjemmiouin* et *tedjemma*, jardin. — 4. *afra*, pl. *iferouen*, bassin, cuve. — 5. *toudeft*, laine. — 6. *iffal*, forme intensive de *efel*, aor. *iflou*, passer. — 7. *eloukhem*, insalubrité; ar. وخم. — 8. *anh'if*, pl. *inh'ifen*, maigre, chétif; ar. حيف. — 9. *çandt*, métier; ar. صناعة. — 10. *elh'iouan*, les bestiaux; ar. حيوان.

irkha d tatten erkhanet. R'asrou n Djadou nit amok'ran di Fosat'o, dis elmoudir d elâlm[1] dis ak'dim, amkan n elktoub erkhan d tanemmirt mok'k'rit, izdar'[2] dis Elh'adj Abdallah ou Yah'ia Abarouni, amok'ran n Iâzzaben di drar, tennet' r'efs elh'alk'et[3] n irouan.

Assat Djadou, r'asrou n Mezzou, mok'k'or imoul, illa di bout' n talat di ir'f n azrou, dis charet n temesgidiouin d alemmas n r'asrou ded senet di Idemnet, oudjout ammalounas Ammi Nouh' d tidi ammaloun as Ammi Younes ded r'asrou iigg oufes n temit'iouin n tiddar, saoun si t'it' n Mezzou, tella s addou r'asrou, dis tezdai imoul, [p. 21] *tehogga* [p. 21] *in ousef n Zerga. R'ersen azemmour irkha d elh'iouan irkha. Kerzen niten di T'ahar imoul d eldjefaret edrous ded iidi kerzen di Idjefaret imoul d T'ahar achchar. R'orreb si Mezzou, utahouid in ousef n Zerga idr'rek' imoul itechchar s tezdai, dis tala n amen mok'k'rit tetesiouot'[4] in Chekchouk di tegrest.*

Mezzou

Sis atalid in Djemmari, imzoun af sen n ir'asra; agarasen temezgida, ammaloun as Nanna Maren, tella di siar[5] Cheikh Ah'med Achemmakhi, tecet'chou af ir'f n azrou mok'k'or imoul; r'orbias azemmour irkha di zemlet mok'k'riet; r'ersen isar'r'en achchar, saoun si tala n Zerga tebâd r'efsen imoul; dis senet n temit'iouin d zegni n tiddar. R'ersen temdai erkhanet d elh'iouan irkha.

Djemmari.

Bah'ri n Djemmari tik'sebt n At Indebas tella af ir'f n azrou, dis temezgida mechkiet d ibab ennes tigoun tesar, saoun si tanout tella di bout' n tah'fafet tebâd af tik'sebt. R'orbias zemlet tamok'rant, dis akhrib mok'k'or d alemmas n akhrib temezgida; assat akhrib talat [p. 23] *n Oumm T'eboul* [p. 23] *dis azemmour irkha, ougoun ouier n tiddar, ammalounet Temazir'in : Ouasi[6] oul r'ers tazemmourt di Oumm T'eboul, oul r'ers r'ir elhoul[7].*

At Inedbas.

Sis bah'h'ar, atased in T'imezr'oura ded niet temzoun af senet n tek'esbin, tella d alemmas n akhrib d alemmas n zemlet dis temezgida n Abou Mançour Elias, nit si imok'ranen n Infousen, si kanoun At Rostem d idjeldan di Tihert; d alemmas ennes aser' n amen, saoun ioudan n tek'esbin amen n anzer, r'ersen isar'r'en imoul d tina

Timezr'oura.

---

1. *elâlm*, science ; ar. عِلْم. — 2. *ezder'*, aor. *izder'*, habiter, forme d'habit. *ezdar'*. — 3. *elh'alk'et*, cercle; ar. حَلْقَة. — 4. *eouot'*, aor. *iouot'*, arriver; *tesiouot'*, forme factitive et d'habitude.— 5. *siar*, récits historiques, biographies; ar. سِيَر. — 6. *ouasi*, celui qui. — 7. *elhoul*, malheur, peine; arabe هول.

ebádnet r'efsen ellanet di talat n Ouifat ; k'eblias zemlet tamok'rant ; ougoun temit'i n tiddar, agaras d tek'esbın tek'ebliin tagouria n sadt.

Ouifat.

Sis, adnas in Ouifat ded niet k'ebli n Mezr'oura, tella af ir'f n tah'fafet, si cherk' ennes zemlet dis azemmour irkha. Ammalounas : alemmi aiouk'a t'amzin' si Disir d di si Ouifat, emel eddounit tfat*. Dis temezgida mok'k'rit s addouas ousef n Temezda s d neggas akhrib n Ouifat ; ougoun temit'i d ouier n tiddar.*

Regreg.

Assatas tik'sebt n Regreg, tɛlla af [p. 23] *ir'f n azrou d allar' n* [p. 23] *talat, dis temezgida mechkiet ; s addouas s elr'orb, ousef dis tanout n amen saoun sis At Regreg d Temezda ded nitent et't'efnet oudjout d oudjout, agarasent elh'ulk'* n azrou, tigg Regreg zegni n temit'i n tiddar. Cherk'ias d k'eblias, azemmour irkha.*

Temezda.

R'orbias, r'asrou n Temezda, illa af ir'f n tah'fafet, assatas talal n azemmour. Bah'rias d r'orbias, zemlet dis senet n temezgidiouin, oudjout ammaloun as tah'ouarit d tidi tella deffer r'asrou ; d alem-

Chouiab.

mas n r'asrou sen n ifessen n tiddar n Ibiaten ammaloun asen Chouiab d ioudan ennes kerzen imoul, r'ersen azemmour d tatten irkha, ded r'asrou iouh ügg senet n temit'iouin n tiddar. Dis, assatas di lr'abet, senet n temezgidiouin, oudjout ammaloun as tah'ouarit, tamok'rant, n ioudan imezouaren, teçet'chou s eldjir d dr'ar'*, tella d alem-mas n elr'abet immouden* ennes disen tira* oul itessen* oudjoun sinner' mai dis ; ammaloun irouan touh n ioudan n eldjohhal*, assat sidna Moh'ammed ; temezgida tidi, ammaloun as Abou Zakaria* [p. 24] *Atoukiti, toused di aider n talat [n azemmour ter'zou d* [p. 24] *ter'aza s addou tamourt', tella s elr'orb n tah'ouarit.*

ELFEÇOL DI TAMOURT' N REH'IEAT

Iner.

Sious, atased in r'asrou n Iner, zegni nnes Ibiaten ded zegni Imazi-r'en, illa d alemmas n zemlet, r'orbi n Temezda, dis temezgida innet'

---

1. *t'amzin*, orge. — 2. *di*, huile. — 4. *fat*, aor. *ifat*, être fini, être passé ; ar. فات. — 4. *elh'alk'*, gorge ; ar. حلق. — 5. *eldjir*, chaux ; ar. جير. — 6. *dr'ar'*, pl. *idr'ar'en*, pierre. — 7. *ammoud*, pl. *immouden*, colonne, pilier (ar. عمود). — 8. *tira*, écriture ; rac. *ari*, écrire. — 9. *essen*, aor. *issen*, savoir ; *tessen*, forme d'habitude. — 10. *eldjohhal*, ignorants, païens ; ar. جهال.

sis azemmour ; ügg zegni n temit'i n tiddar Abadhia, saoun si tanout tella k'ebli n r'asrou tebâd imoul di bout' n tah'fafet, d alemmas n ousef.

Sis, atased in Idjeit'al, r'asrou n Cheikh Smâil ou Mousa, bab n toualif[1] imok'ranen di brid[2] n Abadhia, iloul[3] di drar, immet[4] int'el[5] di temezgida tamok'rant di Jirba. Dis temezgida ammaloun as Idjeit'al d alemmas n akhrib ik'reb in r'asrou s cherk' ; cherk'i n temezgida talat ded nit d alemmas n elr'abet, saoun amen n anzer ; r'ersen isar'r'en imoul. Imzoun af sen n ir'asra, adasoun zegni nsen Abadhia ded zegni Ibiaten di r'asrou acherk'i d Idjeit'al.
[p. 25] *ar'orbi Ibiaten ouah'dasen[6], illa di ir'f n drar [p. 25] innet' sis tilaten n azemmour si koull amkan. R'ersen tanout tebâd imoul ; tigou temit'i d zegni n tiddar ; assatas akhrib agaras d Idjeit'al ta- gouria n zegni n saât d akhrib ouh ammaloun as akhrib n Reh'ibat d akhrib n Mesin illa d alemmas n elr'abet, dis Imalkien d sen n ifessen n tiddar Imazir'en ; dis temezgida mok'k'riet imoul, amma- loun as temezgida n Mesin ; r'ersen azemmour irkha ; akhrib dis ügg senet n temit'iouin n tiddar.*

Sis s elr'orb, r'asrou n Elh'amran, dis temezgida, ammaloun as temezgida n Imersaoun, tella assat r'asrou af ir'f n azrou. Elh'am- ran, zegni nsen Imazir'en ded zegni nsen Ibiaten, teçet'chou af ir'f n azrou, saoun si isar'r'en ded r'ersen tanout di bout' n tah'fafet s mbah'ar d alemmas n ousef n tezdai ider'rek' imoul ded niten ou- goun temit'i n tiddar, azemmour ensen ibâd r'efsen si cherk' d elk'i- blet. Elh'amran.

R'orbiasen senet n tek'esbin et't'efnet oudjout d oudjout : tak'eblit, ammaloun as At Imitiouin, dis temezgida mechkiet içet'chtet Ammi At Imitiouin
[p. 26] *Ah'med ou Elh'adj Abarouni, si irouan n drar, [p. 26] tella d alem- mas n tik'sebt, ded niet toused af ir'f n azrou d alemmas ennes tiddar n ioudan ennes, ded niten Imazir'en, dis ügg ouier n tiddar.*

Tik'sebt tabah'rit, ammaloun as At Bou Djedid, Imazir'en, tella At Bou Djedi
d alemmas n azrou, s addouas s elr'orb ousef ider'rek' imoul dis tez-

---

1. *toualif,* ouvrages, livres ; ar. تواليف. — 2. *brid* a ici le sens de r'
doctrine, voie, comme l'arabe طريقة. — 3. *elel,* aor. *iloul,* naître ; *taloulia,*
naissance. — *met,* aor. *immet,* mourir ; *temetlent,* mort. — 5. *nt'el,* aor. *in- t'el,* être[ ]enterré. — 6. *ouah'dasen,* seuls ; rac. ar. وحد.

dai; tella dis t'it' n amen saoun sis ded niet tigou ouier d sen ifes-
sen n tiddar.

Elk'et'ouâ.

Sious adnas in tik'sebt n Elk'et'oud, tella r'orbi n Elh'amran,
agaras d Elh'amran elh'alk mechek d Elk'et'oud ioused di ir'f n
drar innet' sis azemmour, ioudan ennes Imalkien, dis senet n tiddar
Imazir'en, tigou sen n ifessen n tiddar, saoun niten d tek'esbin te-
mezouarin si t'it' oudjout. Sious r'orreb d brid, atased in elmech-
hed[1] *n elmechaikh*[2] *iih enr'ounten*[3] *ded niten tezalloun d alemmas*
n ousef d enneg tah'fafet, r'erdisas temezgida, tella dous in tirou ta-
çommit[4] *k'imoun idemmen*[5] *ensen in tirou zeggour'et*[6]; *edehek*[7]
r'efsen tekoubbet[8] *ennek s achchar n tekoufas*[9], *atafed idemmen*
di tekoubbet; sesten[10] *r'efsen, [p. 27] ak siout'en*[11] *in r'ersen, aga-* [p. 27]
ras d Elk'et'oud tagouria n zegni n sadt.

Ounziref.

Sious, ahoua d ousef mbah'h'ar, atased in Ounziref, tella af ir'f
n 'ah'fafet s elr'orb ded niet Imazir'en d Ibiaten, dis temezgida
Abadhia; k'eblias azemmour irkha di zemlet mok'k'riet imoul, igoun
temit'i n tiddar, assatas At Bou Djedid, agarasent elkhochchet.

Elgnafid.

Sis, r'orreb, atased in r'asrou n Elgnafid ded nit Imalkien, illa
d alemmas n elh'alk' innet' sis d alemmas n elr'abet n azemmour.
R'ersen isar'r'en d tanout s addou r'asrou ded r'ersen temdai
erkhanet; igoun temit'i n tiddar, agarasen d Ounziref tagouria n
charet n sadt.

S addouas s mbah'ar, elkhochchet mok'k'riet imoul, dis tik'sebt n

Chouiab.

Chouiab mechkiet, tigg charet n ifessen n tiddar. Tella d alemmas
n tah'fafet, d ennegas s e'lrorb zemlet mok'k'riet dis dous tik'sebt n

Akhrib n Sela-
mat.

ioudan imezouaren, k'ebli Akhrib n Selamat mok'k'or imoul, dis
temezgida mok'k'riet, s addou temezgida andour[12] *n ioudan ime-*
zouaren n ibab n akhrib, dis oufes ded sen n elmek'amat[13] *n di,*

---

1. *elmechhed*, lieu où un musulman a souffert le martyre; ar. مَشْهَد. —
2. *elmechaikh*, vieillards, saints personnages, docteurs; ar. مَشَايِخ. — 3. *enr'*,
aor. *inr'ou*, tuer. — 4. *taçommit*, pierre dure, rocher; rac. ar. صَمّ . — 5.
idemmen, pl. sans sing., sang. — 6. *zougger'*, pl. *izouggar'en*, rouge, *zeg-*
gour'et. — 7. *edehek*, aor. *idehek*, frotter; ar. دهك. — 8. *tekoubbet*, pl.
tekoubbatin, robe de dessus, chemise; ar. جُبَّة. — 6. *tekoufas* et *ikoufesan*,
salive; *skoufes*, cracher. — 10. *sesten*, aor. *isesten*, interroger. — 11. *ak siout'en*,
ils te feront arriver. — 12. *andour*, moulin à huile. — 13. *elmek'amat*
n di, pressoir à huile.

[p. 28] *ammaloun as* [p. 28] *tanfoust* [1] *r'efsen : Issi oudjoun amekraz* [2] *di Cherous itebbi* [3] *irden* [4] *erkhan; si ichichal* [5]*, d idjerrou* [6] *irden ennes aten iig d gouda* [7] *tek'imoun dous noudou b kemal* [8] *itsekken* [9] *in ioudan aitli* [10] *nnes ihiala* [11] *oulach mammou am nit; zaroun dis 'ioudan n akhrib ouh n Selamat ded niten agarasen tagouria n zegni n ass. Tikkelt* [12]*, ioused bab n gouda n irden in bab n andour amok'ran, insou* [13] *r'ers. Imlou bab n andour in ichemdjan ennes : ak'enet* [14] *af iler'man di tikkelt oudjout atetchcharoum techoumai* [15] *di tikkelt, atsehouim r'efsent di tikkelt oufes ded sen n elmek'amat. An tasekkirt* [16]*, igoun ichemdjan sih* [17] *d ergaz it't'es* [18]*. Andour ouh, si âçren* [19] *di tikkelt, ihoua di, ik'oua* [20] *tat'ouent* [21] *oudjout, ihoua d alemmas n tijent* [22] *n di, ik'im izadh am ousef. Imlou ergaz in bab n andour : « Mai* [23] *ousef ouh izadh sah? » Imlou : « Et't'es, oula mesala* [24]*. Kan* [25] *ichemdjan âçren andour. » Ikker sious ergaz ih, igour in r'ersen, imlasen in ioudan ennes : « Oul r'erner' netchen mesala. » Sa sih* [26]*, oul* [p. 29] *idjou irden ennes in* [p. 29] *berra* [27]*. Touk'a tanfoust n imezouaren.*

   Anedouel tirou in Akhrib n Selamat mok'k'or imoul, tamourt' n tirza, innet' sis azemmour. Bah'rias, r'asrou n Selamat ded nit Ibiaren, r'ersen tik'sebt assat r'asrou agarasen elh'alk' mechkiet ded r'astou illa afir'f n tah'fafet, s addouas, t'it' n amen saoun sis, dis achchar n tezdai; r'ersen temot'chin imoul d azemmour edrous agarasen d Elgnafid tagouria n sadt.

Selamat.

---

  1. *tanfoust*, pl. *tenfas*, histoire, anecdote. — 2. *amekraz*, pl. *imekrazen*, cultivateur, laboureur ; rac. *ekrez*, aor. *ikrez*, labourer. — 3. *tebbi*, forme d'habit. de *ebbi*, aor. *iebbi*, recueillir, mettre en tas; nom verbal : *ibbai*. — 4. *irden*, blé. — 5. *ichichal*, dépiquage; *chichel*, aor. *ichichel*, dépiquer. — 6. *djerr*, aor. *idjerrou*, entasser, réunir. — 7. *gouda*, pl. *igoudain*, tas. — 8. *bkemal*, entièrement; ar. بكمال. — 9. *tsekken*, forme d'habit. de *sekken*, aor. *isekken*, montrer. — 10. *aitli*, bien, fortune. — 11. *hiala*, aor. *ihiala*, penser, croire. — 12. *tikkelt*, pl. *tikkal*, fois, une fois. — 13. *ens*, aor. *insou*, passer la nuit. — 14. *ok'k'en*, aor. *iouk'k'en*, attacher. — 15. *techamit*, pl. *techoumai*, panier en h'alfa pour mettre les olives au pressoir, escourtin. — 16. *tasekkirt*, moment du lever, aurore; rac. *ekker*, se lever. — 17. *sih*, ainsi. — 18. *et't'es*, aor. *it't'es*, dormir. — 19. *dçer*, aor. *idçer*, presser; ar. عصر. — 20. *ik'oua*, être fort, abondant; ar. قوى. — 21. *tat'ouent*, pl. *tit'ouna*, ruisseau. — 22. *tijent*, cuve réservée à l'huile. — 23. *mai*, quoi? — 24. *oula mesala*, ce n'est rien. — 25. *kan*, seulement. — 26. *sa sih*, depuis. — 27. *in berra*, au dehors.

Getros.

*R'orbi n Selamat, r'asrou n Getros, illa d alemmas n zemlet,
zegni nnes Imazir'en ded zegni Ibiaten, ammaloun asen Elfiaçla,
ellan af ir'f n talat. R'ersen temezgida; saoun si tanout tella assatasen d assatasen achchar n tiddar ouah'dasent ded nit igoun temit'i n tiddar. R'ersen ousef mok'k'or imoul s addou zemlet, ammaloun as Berresof, s addouas senet n t'it'aouin n amen ammaloun asent
Eldjiouch, dis tezdai erkhanet d dis senet n tek'esbin, tamok'rant
d tamechkant, ioudan ennes out'nen si loukhem.*

Nanna Tala.

*Di ir'f n ousef, temezgida ammaloun as Nanna Tala di techek'k'i [1]
n azrou, di bout' n azrou, tala tekmou* [p. 30] *s addouas, mok'k'riet* [p. 30]
*ietechchar samen, saoun sisen ioudan d elh'iouan, amen ennes ah'laoun
imoul. K'ebli n temezgida s elr'orb, di azrou, tek'diin [2] n it'aren
tr'at'in n Nanna Tala, kamoun it'aren [3] ensent d alemmas n azrou, ellanet, tek'imounet in tirou, innet' sis azrou si koull amkan ded niet
k'ebli n Getros, agarasen tagouria n charet n sadt.*

Cherous.

*D allar' n Berresof, akhrib mok'k'or imoul ammaloun as Cherous,
dis temezgida n Abou Mârouf, bab n tanemmirt mok'k'rit. Dous
touk'a lmoudriet n Fosat'o.*

ELBAB DI LMOUDRIET N LALOUT

ELFEÇOL DI TAMOURT' N ELH'ARABA

*Anadel tirou s cherk' si tamourt' n Elh'araba si lkhochchet, dis
r'asrou illa di oukrim n drar, innet' sis azemmour ded nit drar
iouli meçâd imoul, illa ouah'des d alemmas n elkhochchet, amma-*

Ir'f n Zârara.

*loun as Ir'f n Zârara, r'asrou mechek, dis iig okkoz n ifessen n tid-
dar, innet' si drar temot'chin erkhanet d tezdai achchar; ioudan
ennes Imalkien* [p. 31] *ammaloun af drar ouh dis ouk'dou n elfedj-* [p. 31]
*ret [4], saddou tamourt', R'orbias, tik'sebt mechkiet, ammaloun as
Deggi, tella di allar' n drar d elkhochchet tett'ef di akhrib illa dous
ded niet Imalkien ougoun sen n ifessen n tiddar; d enneg elkhochchet*

---

1. *techek'k'i*, fente, crevasse; ar. شَقّ. — 2. *tek'dit*, pl. *tek'diin*, petit
trou, trace. — 3. *t'ar*, pl. *it'aren*, pied. — 4. *elfedjret*, argent; *ouk'dou n elfedjret*, une mine d'argent.

di ir'f n drar d alemmas n zemlet, akhrib mok'k'or imoul, dis temezgida d andour n azemmour in tirou izadh. Assat akhrib, ousef n tezdai d azemmour ider'rek' dis amen imoul ded nit s addou r'as- rou n Djerijen s mbah'ar.

D ennegas, s elk'iblet, Djerijen, tella af oukrim n drar, dis temez- gida ded nit Abadhia, assatas talat, r'orbias azemmour dis iigg- temit'i ǀn tiddar, ioudan ennes teffr'en imoul in Jirba, nezr'en[1] dis si igermilen[2].

Djerijen.

K'eblias irkha, r'asrou ammaloun as Beggala, dis zegni Imazir'en d zegni Ibiaten; r'ersen tina inoul, nezr'en, tougoun ir'main irkha d ibab n azemmour d elh'iouan; dis temezgida ded nit tigou temit'i ded sen n ifessen n tiddar; ellan d alemmas n elr'abet, si ir'f n ta- lat.

Beggala.

R'orbias, r'asrou n Begigila, illa d alemmas n elr'abet d ioudan [p. 32] *ennes Imalkien, achchar* [p. 32] *sisen Imazir'en; dis temezgida.*

Begigila.

Bah'ri n Djerijen, r'asrou ammaloun as Tinzer't, illa af ir'f n tah'fafet, cherk'ias talat, zegni nnes Imazir'en ded zegni Ibiaten, dis temezgida; dis taddart n elmoudir, itek'im dis alemmi ad ias in Elh'araba. K'eblias azemmour; tigou zegni n temit'i ded sen n ifes- sen n tiddar, tebâd af Djerijen.

Tinzer't.

R'orbias, tik'sebt, ammaloun as Oumm Çoffar, zegni Imazir'en ded zegni Ibiaten, tella d alemmas n drar, tigou sen n ifessen n tiddar.

Oumm Çoffar.

R'orreb, atased in r'asrou n Merges, illa d alemmas n ousef ded nit Imalkien; r'orbias tadziret, ammaloun as Azezira, azrou imenk'et[3] si koull amkan, dis imi oudjoun iouâr imoul, di ir'f ennes amkan n ibirgan n ioudan imezouaren, kanoun sekermen dis iman enscn, erouelen si elâdou, dis aser' d alemmas ennes, in tirou illa. S addou tadziret, ousef mok'k'or imoul d elkhochchet mok'k'riet imoul.

Merges.

R'orbias di ir'f n tah'fafet, r'asrou n Tendemira, r'orbias zemlet mok'k'riet tetechchar s azemmour; ioudan n r'asrou iouh r'ersen [p. 33] *tezdai erkhanet,* [p. 32] *saoun si tanout tella assatasen d alemmas n talat, niten Imazir'en; dis temezgida ter'zou s addou tamourt' tet't'ef di r'asrou s mbah'ar ded niten tigoun zegni n temit'i n tiddar, it't'ef dis akhrib s elr'orb, dis temezgida oudjout mechkiet d tidi temezgida*

Tendemira.

---

1. enzer', nor. inzer', tirer de l'eau. — 2. si igermilen, pour de l'argent, de la monnaie. — 3. imenk'et, taillé à pic, coupé.

n Abou Naçer, bab n elbiat imoul [1], *sisent Ennounia, di brid enner'* [2].
*R'orbi n akhrib amok'ran, akhrib amechkan, dis r'asrou n ioudan
imezouaren d. alemmas [ennes tik'sebt, ibab ennes ibab n akhrib,
kanoun effr'en sis d tirou douelen as ed* [3], *ellan dis tougoun charet n
ifessen n tiddar, tella d alemmas n drar, assatas elr'abet n azemmour,
s defferas elh'alk' mok'k'or ihoua mr'orreb; bah'ri n elh'alk' itetchchar s azemmour d temot'chin; s addou tik'sebt s elr'orb tanout n
amen saoun sis, s addouas ousef mok'k'or imoul agaras d Tin T'amzin dis tezdai irkha, tini* [4] *ennes tagnanait* [5], *oulach am niet di drar,
dis achchar n temot'chin.*

Ti n T'amzin. *D ennegas s elr'orb, di ir'f n tah'fafet, r'asrou mok'k'or, ammaloun as Ti n T'amzin, dis elr'abet mok'k'riet n azemmour d temezgida
tella af ir'f n drar, assat [p. 34] r'asrou s elk'iblet; r'ersen isar'r'en* [p. 34]
*imoul saoun sisen; alemmi adouk'an, saoun si tanout tella di lkhoch-
chet s mbah'ar n r'asrou, di ousef amok'ran s addou r'asrou, ihogga
in eldjefaret iner'r'ell di Tiji, akhrib amok'ran n Infousen imezouaren, d tirou k'imounet kan tina dis erkhanet d amen ensent irkha d tegezlalin* [6] *af oudem n tamourt', senen tent ioudan elkoull, Imazir'er.
d Ibiaten, hoggan r'efs Ibiaten di noudou.*

Forsat'a. *D ennegas meçâd, di ir'f n azrou, zemlet n azemmour mok'k'riet,
dis akhrib mok'k'or, ammaloun as akhrib n Forsat'a d alemmas
ennes temezgida n Forsat'a; assat zemlet s elk'iblet, r'asrou n Forsat'a, illa d alemmas n drar, dis temezgida n Ammi Yah'ia Forsat'ai,
agaras d Ti n T'amzin ousef mok'k'or, dis tezdai erkhanet d dis talat
tener'r'ell dis, touli mr'orreb, dis t'it' n amen saoun sis At Forsat'a
ded r'ersen tanout assatasen ded nit Imaz'ir'en Abadhia; r'ersen r'asrou tigoun dis irden d t'amzin d dinelli* [7] *d toudeft d mai r'ersen,
illa dis r'efs nilti.*

Kabaou. *Sious r'orreb, atased in Kabaou, nit Abadhia d amok'ran [p. 35] af* [p. 35]
*r'asra iait' n Elh'araba d ioudan ennes irouan, azmen irkha, sisen
tigoun temousni* [8] *di lmoudriet, iigg oufes n temit'iouin n tiddar, illa*

---

1. *bab n elbiat imoul*, auteur de nombreux vers. — 2. *di brid enner'*,
sur notre secte (la secte abadhite). — 3. *edouel*, aor. *idouel*, revenir ; ar.
دال. — 4. *tini*, pl. *tiniouin*, date. — 5. *tagnanait*, nom d'une espèce de
datte. — 6. *gezzel*, pl. *igezlalen*, court, fém. *tegezzelt*, pl. *tegezlalin*. —
7. *dinelli*, beurre fondu ; *telousi*, beurre frais. — 8. *temousni*, savant, qadhi ;
rac. *sen*, savoir.

af ir'f n drar, ennet'net sis tilaten n azemmour d tezdai, assatas te-
mezgida ammaloun as K'achk'acha, ter'zou ter'aza d alemmas ennes
aser' n amen ; s addou r'asrou s elr'orb elh'alk', dis ah'bas[1] n amen
n a:zer mok'k'or imoul, tet't'ef dis temezgida tatraret s elr'orb niet
n Ammi Sáid n Aioub ; d enneg temezgida, tadjebbanet.

 R'asrou iouh, elkhechaich ennes etchcharounet s temdai, oulach
di drar mammou r'ersen temdai am niten, d ioudan ennes ek'ouan
imoul, r'ersen tatten erkhanet d azemmour irkha. R'orbias ousef
mok'k'or imoul, ammaloun as ousef n Cheikh, di ir'f ennes s elr'orb,
zemlet mok'k'riet. D At Kabaou, ammaloun asen Infousen iferdiin[2],
ellan dis ioudan erkhan r'ersen t'it' oudjout d irgazen ensen oudjar[3]
n tesednan, tek'imoun an ad ousseren[4] oul nedjfen[5].

ELFEÇOL DI TAMOURT' N ELH'AOUAMED

[p. 36] *Anadel tirou si akhrib, issi oul dis ch ioudan d tirou itetchchar* [p. 36]
s Ibiaten Imalkien ded nit d aiemmas n elr'abet innet' sis azemmour
d temot'chin saoun si tanout tella r'orbiasen di talat tebád af akhrib
ded r'ersen isar'r'en di akhrib.

 R'orbias, r'asrou n Tirekt Imalkien mechek, illa af ir'f n drar,   Tirekt.
s addouas talat ; r'orbias, r'asrou n Elkherbet ded nit Imalkien dis
senet n tiddar Imazir'en Abadhia. Illa di ir'f n azrou k'eblias elh'alk'
dis t'it' n amen saoun sis d elr'abet ennes tella s nbah'ar di zemlet,
azemmour d temot'chin, oul r'ersen ch tezdai.

 Bah'ri n Elkherbet, Elmedjabra ded niet tella af ir'f n tah'fafet Elmedjabra.
d ioudan ennes Imalkien.

 Sious, r'orreb, atased in r'asrou An t Mah'moud, ammaloun as At Mah'moud o
imezouaren Ouir'ou, ioudan ennes zegni Imazir'en ded zegni Ibiaten, Ouir'ou.
illa di ir'f n drar innet' sis tilaten si koull amkan ; r'ersen tanout s
cherk' d alemmas n talat n azemmour ded r'ersen t'it' s addou r'as-
rou s elr'orb d dis temezgida mok'k'riet ; ougoun temit'i d zegni n
[p. 37] *tiddar. Sis, ahoua in allar' n azrou did n elh'alk', atased in ousef* [p. 37]
illa agaras d Lalout, mok'k'or imoul, izegret irkha, dis tezdai d

---

 1. *ah'bas*, barrage ; rac. ar. حبس . — 2. *aferdi*, pl. *iferdiin*, borgne ; rac.
ar. ذرد. — 3. *oudjar*, plus que. — 4. *ousser*, devenir vieux. — 5. *nedjef*,
aor. *indjef*, se marier.

temot'chin erkhanet. Sis atalid mr'orreb, atased in r'asrou amok'ran
n Lalout, illa af ir'f n azrou s elr'orb, s addouas d al!ar' n azrou
s cherk' t'it'aouin n amen erkhanet d tanout tesesoun sis tatten d
tiidi tigoun disent ir'main d oudjout ammaloun as Tar'lis tetchcha-
roun sis ioudan n r'asrou d r'ersen tanout tella assat r'asrou d
alemmas n elh'alk' saoun sis Ettourk d elh'alk ioused assat r'asrou.
S elk'iblet ennes, r'asrou n Ettourk d alemmas ennes t'ah'nout¹ n
zenzi² d temesr'iout³; dis tasirt n zadhi⁴ d firnou⁵ n ar'roum⁶; izdar'
dis elmoudir d Ettourk, dis imrouden⁷ mek'k'ourt di ir'f n drar. S
elr'orb n r'asrou, zemlet mok'k'riet imoul, d azemmour ennes ibâd
tagouria zegni n ass s elr'orb d elk'iblet. R'ersen tina, ammaloun
asent Elh'asian, disent tigoun ir'main ded zalim d tichchert⁸ d felfel,
dis tezdai. R'asrou n Lalout iigg charet n ifessen d oudjoun n te-
mit'ioui n tiddar, Imazir'en, Abadhia, agaras [p. 38] d Elh'aouamed [p. 38]
tagouria n zegni n ass. R'asrou iouh, dis r'asrou ouait' mechek d
alemmas ennes dis iigg ouier n tcmit'iouin n temidal, tesekramen
dis ik'ebbach ensen, s temeddit 'in temeddit⁹, tasouned ibab n temidal
s teniisa¹⁰ nsen, takmoun, taroun temidal, taouin tenoubet¹¹ n taddart
ded mensi¹² n ter'allin¹³ ded mai illa n tezenzi tigoun r'efs adellal¹⁴
di temeddit ih a tzenzoun.

S addou r'asrou iouh amechkan, s mbah'ar, temezgida teminedjt,
tezzaloun dis ioudan imindjen ammaloun as temezgida tamok'rant,
s addouas ar'ledh n idzzaben, assatas temezgida tatraret. D At La-
lout iidi ennet'en af temezgida n Sidi Khelifa, dis achchar n tiddar
er'zounet d ter'aza d achchar çet'chounet d teçot'chi d ioudan ennes
ouggatoun zerzer d tirzezt, taouined isan irkha d drar n Infousen
oul dis ch r'asrou mok'k'or am Lalout.

Ouazzen.　*Sious r'orreb in Ouazzen agaras ded Lalout tagouria n ass, illa*
af ir'f n tah'fafet, dis temezgida mok'k'riet, ioudan ennes Imazir'en,

---

1. *t'ah'nout*, boutique; ar. حانوت. — 2. *zenzi*, vente; *zenz*, aor. *izenz*,
vendre. — 3. *temesr'iout*, *tamsir't*, *isr'ai*, achat; rac. *aser'*, aor. *isr'ou*,
acheter. — 4. *zadh'i*, action de moudre; rac. *ezdh*. — 5. *firnou*, four; ar.
فرن. — 6. *ar'roum*, pain. — 7. *amroud*, pl. *imrouden*, canon. — 8. *tich-*
chert, ail. — 9. *temeddit*, après-midi, pl. *temedditin*. — 10. *tounist*, pl.
teniisa, clef. — 11. *tenoubet*, provision; ar. نوبة. — 12. *mensi*, souper, pl.
imensioun. — 13. *ter'etlet*, pl. *ter'allin*, bête de somme. — 14. *adellal*, vendeur à la criée; ar. دلال.

*s addouas s elr'orb ousef mok'k'or. R'ersen temot'chin erkhanet el-
lanet di ousef* [p. 39] *ded niten tougoun senet n temit'iouin ded zegni* [p. 39]
*n tiddar, saoun si lkhochchet si tina d elr'abet ensen s elk'iblet ded
niet taneggarout[1] n drar n Infousen s elr'orb.*

ELFEÇOL DI ELOULLAT N DRAR DED MANIS TASOUNED

*Iih n Ifren, Elback'a d Elk'adhi d Elmeh'asebdji tasouned si
Stamboul d elkateb d sendouk'amin ibab n Ifren d elâdhaouat sisen.*

*Di Fosat'o, Elmoudir itased si T"rables d Elkateb si Ifren d
elâdhao at At Fosat'o d elk'adhi atourki si T"rables d elmefti d elâ-
doul At Fosat'o.*

*Di Lalout, Elmoudir d Elk'adhi si T"rables d elkateb si Ifren d
elâdhaouat si Lalout.*

ELFEÇOL DI BRID N ELMIRI[2] N IBAB N DRAR

*Net'ren[3] af r'asrou si ir'asra oufes n temit'iouin n imah'bab[4];
tasoun tirou ibab n r'asrou, h'asben[5] irgazen d iler'man ir'f ir'f, d
ifounasen[6] sen s ir'f, d tr'at'in okkoz n ifessen si ir'f, d tezemmourin okkoz n ifessen* [p. 40] *si ir'f, d tezdai ouier si ir'f, d temot'chin* [p. 40]
*senet n temitiouin si ir'f. Tirou, edjerouen ir'faoun ad zounoun tirou
oufes n temit'iouin n imah'bab af ir'faoun kemma[7] ioused in ir'f n
"elgrouch[8] efkoun[9] r'efs, bab n imoul imoul ded bab n edrous edrous;
efkoun in amok'ran ensen ded nit ifkou in sendouk'[10] amin.*

ELFEÇOL DI TEÇOT'CHI N IBAB N DRAR

Çet'chen si imchem d dr'ar'[11] d elr'orf[12] achchar s tesariouin[13] n

1. *aneggarou*, pl. *ineggoura*, dernier. — 2. *elmiri*, toit, impôt par feu,
impôt en général. — 3. *ent'er*, aor. *int'er*, jeter. — 4. *mah'boub*, pièce de
monnaie pl. *imah'bab*. — 5. arabe ﺣﺴﺐ. — 6. *founas*, pl. *ifounasen*,
bœuf, *tefounast*, pl. *tefounasin*, vache. — 7. *kemma*, combien. — 8. *elgerch*,
piastre turke (ﻏﺮﻭﺵ de l'allemand *Groschen*). — 9. *efk*, aor. *ifkou*, donner.
— 10. *sendouk' amin*, trésorier. — 11. *dr'ar'* pl. *idr'ar'en*, pierre. — 12.
elr'orf, toit, plafond. — 13. *tesara*, pl. *tesariouin*, poutre.

azemmour d ikouttan [1] *n tezdai d achchar kemernet* [2] *si imchem tigoun s addai tesk'ifin* [3] *d tezek'ouin* [4] *d ikouknaoun* [5] *d sdenneg temi-dal d elabradj;* [6] *aiouh n Imazir'en n Ifren, d At R'ouzia d Taroumit d Elkhelaifa d Riaina d Zentan, zegni tiddar ensen s addou tamourt' er'zounet d ter'aza d Rodjban d at Fossat'o ded mai ik'im in Ouazzen, si imchem d dr'ar'.*

ELFEÇOL DI TEMEDDOURT N IBAB N DRAR N INFOUSEN

T'emeddourt [7] *ensen si tirza.*

    Kerrezen di demnet d_elkhechaich d eldjefaret d t'ahar. Ifren el- [p. 41] *djefaret ennes Get't'is d Elmenchar ded Souf* [p. 41] *Etsel d El-mor'aleb; Elkhelaifa d Riaina ousef n Sekfel d Elmouhl; Zentan d Rodjban Elbida ded Nadji; Fosat'o d Reh'ibat R'eddou.*

    Elr'abet ensen azemmour, tebbin [8] *dis di tegrest.*

    T'adelen si Oktober, tebbin, tigoun di tezek'ouin d igajiouin [9] *aik'im ani r'mou* [10] *çabih', tesouffr'en atsek'k'eren* [11] *oussan ettaouin din an-dour atigoun dii ferouen* [12]*, ouk'k'nen* [13] *alr'em di âk'a* [14] *ded âk'a dr'ar' mok'k'or izegret* [15] *achchar, imegergeb* [16] *ibourâ* [17] *d alemmas ennes, si addouas elferch* [18] *n dr'ar', elousâ* [19] *ennes charet n ir'ellen. Alr'em itesounet' âk'a d alemmas n afra, d afra iteçet'chou si imchem, iouli sen n ir'ellen, tigounas ouider, iouli zegni n ar'ell, nit itet't'ef ta-kellout* [20]*; seoudeden* [21] *tirou aouk'af* [22] *d alemmas n elferch at it't'ef si*

---

1. *kouttou*, pl. *ikouttan*, quartier de palmier scié. — 2. *kemer*, aor. *ikemer*, bâtir en voûte. — 3. *tesk'ifet*, pl. *tesk'ifin*, galerie voûtée, vestibule; ar. سقيفة. — 4. *tezk'a*, pl. *tezek'ouin*, chambre au rez-de-chaussée. — 5. *kouk-nou*, pl. *ikouknaoun*, petite pièce obscure. — 6. *elbordj*, pl. *elabradj*, vaste pièce avec escalier au dehors; ar. برج. — 7. *temeddourt*, subsistance, manière de vivre; rac. *edder*, vivre. — 8. *tebbi*, forme d'hab. de *ebbi*, cueillir, ramasser; nom. verb. *ibbai*. — 9. *gaji*, pl. *igajiouin*, chambre au rez-de-chaussée. — 10. *an ir'mou*, jusqu'à ce qu'elle soit blette. — 11. *sek'k'er*, faire sécher, de *ek'k'er*, être dur, sec. — 12. *afra*, pl. *iferouen*. — 13. *ak'k'en*, aor. *iouk'k'en*, attacher, atteler. — 14. *âk'a*, meule du moulin. — 15. *izegret*, long. — 16. *imegergeb*, rond. — 17. *bourd*, aor. *ibourd*, être troué. — 18. *elferch*, sol pavé de la cuve. — 19. *elousd*, largeur, étendue, ar. وسع. — 20. *takellout*, la pâte d'olives. — 21. *seouded*, forme factitive de *eouded*, aor. *iouded*, être debout. — 22. *aouk'af*, montant vertical.

*ennedj kouttou izegret, it't'ef ir'f n kouttou di marou[1] n andour
siah d siah[2]; taouin k'echk'ouch[3] ouait' izegret charet n ir'ellen,
tsekmount di bourià n âk'a, sekmoun ir'f ennes oudjoun di aouk'af
at et't'fen si k'echk'ouch mechek, et't'fen âk'a si berra s talouh'et[4]
sbourân k'echk'ouch ouh ikmou di bourià[5] s berra sekmoun* [p. 42] [p. 42]
*dis k'echk'ouch ouait' mechek a it't'ef talouh'et ded âk'a; a ik'im âk'a
oul igour la sah la sah, itennet' d amkan ennes, d ir'f n k'echk'ouch
oui n berra, itased si aider in berra d ennegas iffer' zegni n ar'ell,
tek'k'nen dis alr'em aik'im itennet' af afra, inezzer' di k'echk'ouch
ouh ded nit itesounet' di âk'a ded âk'a itennet' af elferch, irraz[6] di
azemmour alemmi at iedj[7] d aren[8] itsouffer' d aren ih in berra at it'-
t'ef aider ih. Net'ren azemmour s tesounit di bout' n aouk'af, iteffer'
achchar achchar, alemma iouk'a azemmour n andour, si ouier in
ouier d sen n ifessen n touibatin[9].*

*Sious, r'ersen techoumai[10] tii n iourin[11] am isnain[12], imaoun ensent
tiouk'et[13], a tent netechchar s tekellout aouin tent ed in ouk'dou n techoumai tesersoun oudjout af oudjout an d eout'net okkoz n ifessen,
d ouk'dou dis tat'ouent tetaoui in tegerrimt[14] n alemmas amerdjin[15]
d di. Sis tetouazan; amerdjin ik'im s addai d di iali meçâd an d
aiffer' si tegerrimt ih n alemmas aik'im di ti n di; alemmi atetechchar
ti n alemmas s amerdjin, dis ouk'dou* [p. 43] *di bout' ennes ir'mes[16]* [p. 43]
s tar'rit itesouffer' amerdjin in berra tesemounkezen[17] sis amerdjin.

Ibab n drar tezzan temdai imoul d tezourin, temielen[18] disen s

---

1. *marou*, pl. *imarouin*, mur. — 2. *siah d siah*, de ci de là, c'est-à-dire aux
deux extrémités. — 3. *k'echk'ouch*, chevron, perche. — 4. *talouh'et*, planche; ar. لوحة. — 5. *bourid*, trou. — 6. *erraz*, forme intensive de *erz*, aor.
irzou, casser, broyer. — 7. *edj*, aor. *idjou*, laisser. — 8. *aren*, farine.
— 8. *tesounit*, pl. *tesounai*, petit panier en h'alfa; le panier en feuilles de
palmier s'appelle *taklout*, pl. *tekloutin*. — 9. *touibat*, pl. *touibatin*, ar.
ويبة, mesure qui contient de 22 à 24 medds. — 10. *tachoumit*, pl. *techoumai*, escourtin, panier en h'alfa dans lequel on met les olives réduites en
pâte. — 11. *iourin*, h'alfa. — 12. *isnain*, paniers ordinaires en h'alfa; le
diminutif *tesounit* est plus usité. — 13. *tiouk'et*, étroites; ar. ضيق.
— 14. *tegerrimt*, cuve à huile. — 15. *amerdjin*, lie de l'huile, liquide
noirâtre plus lourd que l'huile. — 16. *er'mes*, aor. *ir'mes*, être bouché.
— 17. *tesemounkezen*, combinaison de forme passive, factitive et fréquentative de la racine *nkez*, corruption de l'arabe نقص, diminuer. — 18. *temiel'*,
forme d'habitude de *miel*, labourer, tracer un sillon; rac. arabe مال.

ouilli [1]. *R'ersen tezdai edrous ; sar'oun* [2] *tefounasin d tatten d tr'at'in di tegrest* [3] *tázzeben* [4] *sisent di irdjanen* [5], *di rebiá te ʃr'en sisent in djefaret d t'ahar s ibirgan, tetebán tiga* [6] *mani tella. Alemmi ad ias imdjar* [7] *n mendi, tesekmoun tesednan in ir'asra, ougouroun irgazen in imdjar ad medjeren ad chichelen ad sekmoun t'amzin ; an d asoun imot'ken, teʃr'en ioudan did n tesednan ensen in temot'chin ; in elkherif douelen in ir'asra adeʃr'en in tirza, edjoun tesednan tigounet di toudeft irouat'* [8] *ensen, ih'oulien* [9] *d tekoubbatin* [10].

ELFEÇOL DI ISLAN N IBAB N DRAB

Tadelen dis ass n elkhemis, si atali toufout [11], *taouin iler'man, tigoun r'efsen* [12] *ireggen ad ougouroun in isr'aren* [13] *; tasounet ed tesednan, taouinet ed t'amzin atent arefnet* [14], *tek'imounet af tesar adezdhounet asouik* [15] *oui* [p. 44] *n t'oummen* [16] *d aren oui n arouai* [17], *tekkernet* [18]. *achchar sisent at sifounet* [19] *d achchar tigounet tougdirin* [20] *af tfaout* [21] *ad souounet* [22] *an d asoun ibab n isr'aren ad afoun mekli* [23] *imsers* [24] *; etchoun* [25] *irgazen niten imezouaren ; etchounet tesednan deʃerasen.*

An temeddit, tasouned ioudan imok'ranen n ar'ledh tekmoun di gaji oui n tendjift [26] *taouin ed asouik ouh d di d teziouaouin* [27] *erouin* [28] *t'oummen at sersoun di douskan* [29].

1. *ouilli*, charrue. — 2. *sar'*, posséder ; corruption de l'arabe سور. La lettre ع de l'arabe s'est changée en غ comme chez les Touareg. 3. *tegrest*, hiver. — 4. *tázzeb*, forme d'hab. de *dzzeb*, faire pâturer au loin ; ar. عزب. — 5. *irdji*, pl. *irdjanen*, grotte, caverne. — 6. *tiga*, herbe. — 7. *imdjar*, nom d'action de *emger* ou *emdjer*, moissonner. — 8. *irouat'*, vêtements ; rac. *erouet'*, se vêtir. — 9. *ih'oulien*, pl. de *h'aouli*, mot arabe connu. — 10. *tekoubtatin*, pl. de *tekoubbet* ; en arabe جبة. — 11. *toufout*, soleil. — 12. *aregg*, pl. *ireggen*, filet. — 13. *asr'er*, pl. *isr'aren*, bois à brûler. — 14. *aref*, griller. — 15. *asouik*, farine d'orge grillée. — 16. *t'oummen*, rouiña faite avec de la farine d'orge grillée, des figues broyées et de l'huile, en arabe حميصة. — 17. *arouai*, couscous. — 18. *tekker*, forme d'habit. de *ekker*, se lever. — 19. *sif*, aor. *isif*, cribler. — 20. *tougdirt*, pl. *tougdirin*, marmite. — 21. *tfaout*, feu ; on dit également *temsi*. — 22. *souou*, forme factitive de *ouou*, mûrir, cuire. — 23. *mekli*, pl. *imeklioun*, déjeuner. — 24. Forme combinée factitive et passive de *ers*, poser, placer. — 25. *etch*, aor. *itchou*, manger. — 26. *tendjift*, mariage. — 27. *tezioua*, pl. *teziouaouin*, plat, assiette. — 28. *eroui*, aor. *iroui*, pétrir. — 29. *douskou*, grand plat en bois, pl. *idouskan*.

*Sioulen[1] in ibab n r'asrou ad etch'oun in ter'fer[2] toufout; siou-
len in ichemdjan adsedbedben[3] edjeroun r'efsen ibouchilen n r'asrou,
amani ellan tigoun aouzir[4] oudjoun an d as efkoun aget't'oum[5] di
oufes ennes. Si tirou, ik'im itesetch di elârsan[6] ded niten oul ate-
nizzar amekhlouk'[7] in ass n letnin.*

*Dis teffer'net tiâzzebin[8] d tsilout[9] d alemmas ensent in tanout
ad sirednet dis ik'ebbach in zegni n ass, an d tent eout'en ioudan s
ter'allin d ichemdjan in dous, aouintent ds ourar[10] d elmiz[11] amok'ran
oul attafed mani atououdded[12] si ioudan an d atsitefen[13] in taddart
n bab ennes; [p. 45] in d iiet'[14] sigoun elh'enni[15], nitet d tiâzzebin; [p. 45]
tasoun d ibab n izli[16] si mensi in afellah'[17] ded niten amaloun[18];
aiouh iiet' n tlat in iiet' n legmet[19].*

*Ass n legmet, si allai[20] n toufout in tizarnin[21] ded niten tesetchoun
d arouai d isan, Imazir'en d Ibiaten d imellelen d izet't'afen[22]; in
touk'zin, aouin ed alr'em, igoun r'efs tederbouket[23] teserout'ent[24]
çabih, tesekmen dis tsilout ded bouchil mechek d tzioua n arouai;
sekkeren alr'em ih; ousoun ed ibab n ourar, imenain[25] d irgazen,
aouined tsilout in ergaz ennes ad eout'en ir'far n toufout, sekmoun
tsilout d ergaz ennes di gaji ensen; ekmoun did sen elârsan d taia[26]
adetchoun arouai. Sis teffr'en in imi n gaji ad oueded en s teboun-*

---

1. *siouel*, appeler. — 2. *er'fer*, aor. *ir'fer*, se coucher, disparaître à l'horizon.
— 3. *sedbedb*, faire la musique des nègres; arabe دبدب. — 4. *aouzir*, vizir;
arabe وزير. — 5. *aget't'oum*, pl. *iget't'oumen*, baguette. — 6. *elârsan*,
les gens d'honneur de la noce. — 7. *amekhlouk'*, créature; arabe مخلوق.
— 8. *tiâzzebt*, fém. *tiâzzebin*, jeunes filles, vierges; rac. arabe عزب, être
célibataire. — 9. *tsilout*, pl. *tsilatin*, fiancée. — 10. *ourar*, nom d'action de
ourar, jouer; c'est la fantasia à cheval. — 11. *elmiz*, fantasia à pied; rac.
arabe ميز. — 12. *eououed*, se tenir debout; *eououdded*, forme d'habitude.
— 13. *sitef*, forme factitive de *atef*, aor. *ioutef*, entrer. — 14. *in d iiet'*, à la
nuit. — 15. *sigoun elh'enni*, on fait mettre le henné. — 16. *izli*, chant; rac.
ezli, chanter. — 17. *si mensi in afellah'*, du souper jusqu'à la prière de
l'aurore. — 18. *amal*, dire souvent, réciter, improviser (cf. قال et قوال).—
19. *in iiet' n legmet*, jusqu'à la nuit du vendredi. — 20. *si allai n toufout*,
depuis le lever du soleil; rac. *ali*, monter. — 21. *tizarnin*, prière du milieu
du jour. — 22. *azet't'af*, noir, pl. *izet't'afen*. Cf. R. Basset, *Les noms des
métaux et des couleurs en barbère*, p. 24-29. — 23. *tederbouket*, palanquin,
baçour. — 24. *teserouet'*, forme fact. et d'habitude de *erouet'*, s'habiller. — 25.
amenai, pl. *imenain*, cavalier; rac. *enni*, monter à cheval. — 26. *taia*, pl.
tiiouin, négresse.

dek'in[1] *ensen anaikt'a ergaz ter'aousa*[2] *s tsilout eouten*[3] *aiih elba-roud ad aseloun ioudan emeloun : Iouh n illis n ouidi*[4] *teffer'd d tidzzebt*[5].

Tirou er'ersen[6] *zoumer*[7] *ibouchilen iih, ekkesen*[8] *ouglim*[9] *ennes d tousa*[10] *ennes atougoun di tfaout atetchoun, effr'en in r'ersen.*

[p. 46] **[p. 46]** *Ik'im nit d tsilout ennes an afellah' ioused aouzir ennes at isouffer' di iiet' ouh', iiet' n sebbet*[11].

Ass n sebbet, taouinet tesednan isan[12] *n zoumer ih, ougounet r'efs douskou n edarchi*[13]. *In touk'zin, ekmoun r'efs elârsan di tadilart n tsilout, tetchoun k'imoun ad ouraroun mammoua ierna ouidi si ikhouai*[14] *d neggez*[15] *d tdlouiia*[16].

Sis teffr'en in elr'abet, emzounoun af sen; ouasi r'ers di oufes ennes elh'enni ik'im d elârsan ; ouasi oul r'ers, tasouned af idis[17], *tek'imoun atmezien*[18] *in d iiet' ougouroun ad esmensin in bab n is-lan. Sis an adouk'an oufes ded sen n oussan, ettetoun si elârsan, dis iouk'a islan.*

Alemmi idias bouchil ir'ess tenedjift, isers af tebouchilt atetiou-ot'[19], *taout'en iman ensen si iman ensen*[20] *d ibab ensen fekkoun et-tar'oun aitli*[21]. *Alemmi aderroun aitli, terouel tebouchilt did n bou-chil, tekmoun ioudan içebih'en d atekt'a ter'aousa.*

1. *teboundek't*, pl. *teboundek'in*, fusil ; ar. نبندقة. — 2. *ter'aousa*, chose désirée, besoin; rac. *er's*, vouloir. — 3. *eouet*, aor. *iouet*, frapper. — 4. *illis n ouidi*, la fille de l'autre, la fille d'un tel. — 5. *teffer'd d tidzzebt*, est sortie vierge, est reconnue vierge. — 6. *er'res*, égorger. — 7. *zoumer*, pl. *izoumar*, agneau. — 8. *ekkes*, aor. *ikkes*, ôter, enlever. — 9. *ouglim*, pl. *iglimen*, peau. — 10. *tousa*, foie. — 11. *iiet' n sebbet*, la nuit du vendredi au samedi. — 12. *isan*, viande, parties charnues. — 13. *edarchi*, pain arrosé de sauce. — 14. *ikhouai*, nou. d'action de *ekhoua*, enlever, soulever. — 15. *neggez*, action de sauter ; arabe نقز. — 16. *taboulia*, lutte. — 17. *af iddis*, d'un côté, à part. — 18. *tmezi*, combattre, lutter. — 19. *isers af tebouchilt atetiouot'*, il se place (il choisit) sur une jeune fille qu'il cherche à rejoindre. — 20. *taou-t'en iman ensen si iman ensen*, ils se rejoignent l'un l'autre, c'est-à-dire ils se recherchent et se voient. — 21. *d ibab ensen fekkoun ettar'oun aitli*, pendant que leurs parents donnent et prennent l'argent, c'est-à-dire offrent et reçoivent la dot.

Niten af sen : sisen, ouasi Mazir' d sisen ouasi ioused si amkan ouait'.

Ouasi Mazir', si Elbagoul in Lalout, ammaloun asen in tirou Imazir'en, ded niten ioudan ehdan² imoul sousmen³ alemmi a içar mesala⁴ tek'imoun in deffer.

Ouasi ioused si amkan ouait' At Fosat'o d At Ifren niten imezouaren nsen; d At Mistaoua emen'ren niten d At R'ouzia, ernan ten⁵ At R'ouzia ousoun ed s aten souffr'en⁶ si ir'asra nsen; ousoun asend ibab n eir'orb ouggatoun did sen⁷. Issi agarasen imzian⁸ mek'k'ourt di amkan, ammaloun as T'ir'edoua, agar Ammi Ameur d Our Set't'of, emmeten dis At R'ouzia. Sasih⁹, iouded brid enner'¹⁰ di Ifren, ennet'en si Mistaoua in Abadhia.

Ifren zegni nnes At Sellam ded niten içar r'efsen aoual ouh, ded zegni, At Our Set't'of, ousoun ed d itraren, d At Fosat'o ousoun ed si lr'orb.

At Amor d At Solt'an ioudan ouáren imoul, niten s addou At Ifren, mar'er Ifren niet tamok'rant n drar, ioudan ennes ir'faoun nsen ek'k'ouroun¹¹.

Si ioused Atourki in T'rables, ik'im dis achchar, imlou : r'esser' adeffr'er' in Ibiaten. [p. 48] Ousoun ased niten in r'ers ekmoun sad-[p. 48] douas¹². Sis, iouli in R'erian s meziin achchar¹³ iour'eten. Sious, ir'orreb in Lalout, iour'etet, ik'ebbel¹⁴ in Fezzan iour'etet. Ik'im tirou Ifren d Fosat'o. Igasen, sougges n sen n iaren¹⁵, ter'allin Atourk d Ibiaten, oul koudden mesala, erouelen. Sious iousen Ah'med Bacha

---

1. *ezdar'*, forme d'habitude de *ezder'*, habiter. — 2. *ioudan ehdan*, des gens tranquilles; arabe هدا. — 3. *sousem, isousem*, se taire. — 4. *alemmi aiçar mesala.*, lorsqu'il arrive une affaire. — 5. *erni*, aor. *rna*, vaincre. — 6. *s'aten souffr'en*, au point qu'ils les firent sortir. — 7. *aggat*, forme intensive de *'eout*, frapper; *ouggatoun did sen*, ils se battirent avec eux. — 8. *imzian*, combats, batailles. — 9. *sasih*, depuis lors. — 10. *iouded brid enner'*, notre doctrine triompha. — 11. *ir'faoun nsen ek'k'ouroun*, leurs têtes sont dures. — 12. *ekmoun s addouas*, ils entrèrent sous lui, ils se soumirent. — 13. *s meziin achchar*, avec un peu de bataille.— 14. *k'ebbel*, aller au sud; arabe قبل. — 15. *sougges n sen n iaren*, l'an 60 (1260).

iour'ou Ifren, inr'ou imok'ranen ennes, içet'chou r'asrou ameddai[1].
Et't'fen R'ouma, amok'ran n imzian di drar iouint in temoura ta-*
mok'rant[3]. *Ik'im oussan irouel sis, idouel ed in Ifren, igou dous*
imzian, ikkes r'asrou in ibab ennes; douelen as ed ekkesoun as ed.
Rouelen ioudan dides erkhan, k'imoun iaren, ousoun ed. Temmet
tfaout n Imazir'en si asih in tirou.

Iouk'a mai iouid rebbi sr'ers, si aoual mazer' n Infousen, ass n
charet n ifessen d oudjoun, si ouier n tefaska tamcchkant[4], *sougges*
n sen n ifessen ded charet n temit'iouin ded sen, af oufes n mam-
mou atiouri[5], *Brahim ou Sliman Achemmakhi, si irouan n Ifren.*

1. *r'asrou ameddai*, le k'çar inférieur. — 2. *amok'ran n imzian*, chef des
batailles. — 3. *temoura tamok'rant*, Constantinople, continent européen. —
4. *tefaska*, pl. *tefaskiouin*, fête; *ouier n tefaska tamok'rant*, le mois de
l'aïd ser'ir (choual). — 5. *af oufes n nammou atiouri*, par la main de celui
qui l'a écrit.

CHAPITRE III

TRADUCTION

LES BOURGS ET LES CHEMINS DU DJEBEL NEFOUSA

Relation en temazir't composée

Par Brahim ben Sliman Chemmakhi, t'aleb d'Ifren.

ROUTE A SUIVRE PAR CELUI QUI DÉSIRE SE RENDRE DE TRIPOLI AU DJEBEL NEFOUSA

Lorsque vous voudrez vous rendre au Djebel Nefousa, sortez de Tripoli, et prenez le chemin de H'ammamdji, à un quart d'heure de marche de la ville.

Suivez ensuite le chemin de Gargarech jusqu'à ce que vous arriviez à Zenzour, point situé à une demi-journée de marche de Tripoli.

Là, la route se bifurque; une de ses branches passe par Iferna et l'autre au-dessous d'une source. Elles se rejoignent en un point appelé « le Milieu de la dune blanche », où se trouve une fontaine.

Vous continuerez à cheminer jusqu'au bout de la dune blanche, où se trouve un puits de construction récente et vous arriverez ensuite à Nterina. Là finit la première journée.

Partez de ce point, le lendemain matin, et continuez votre route; vous arriverez à Djemmal, terre des Iouer Chefaniin; en poursuivant, vous atteindrez Tamâmourt, terre cultivée, au-dessous de laquelle se trouve le puits de Belgmoudi, à une demi-journée de marche de Nterina. Vous passerez ensuite par un endroit appelé Saïkhet, couvert de jujubiers sauvages. Continuez votre route, vous trouverez Guet'is, territoire de culture. Là finit l'autre journée.

Marchez le lendemain, vous atteindrez le pied d'une montagne

6

où jaillit une source appelée T'it' n Tidjarfi (la fontaine du Corbeau), entre deux grandes montagnes très élevées. En marchant un peu, vous arriverez à El-Khemmasia, col très difficile que la route suit dans ses sinuosités jusqu'à sa fin.

Madjer.
Tendouma.
Là, se trouve un k'çar ancien appelé Madjer[1]. Vous irez ensuite à Tendouma où sont les figuiers et les oliviers des Ara Àmour[2]. En avant, se trouve un puits, dit Tanout n Hellal, dans le lit de l'Ouad Ou Menar. Là, vous entrerez dans le moudiriat d'Ifren. Remontez la rivière d'Ou Menar jusqu'à ce que vous arriviez à Our'arem[3]; ce k'çar abadhite est situé sur la rive sud de la rivière; sur la rive nòrd est une source appelée Tafot'chna, avec environ quatre cents palmiers; on y cultive également beaucoup de légumes.

El K'alâa.
Au-dessus de la source se trouve El-K'alâa, très grand k'çar, où l'on compte environ six cents maisons. Il y a trois mosquées; l'une s'appelle Tadououit, l'autre la mosquée d'El-H'oumet et la troisième la mosquée d'Arnoun. Ce k'çar, habité par des aba-

1. Madjer paraît être le Temidjar mentionné dans le *Siar* du cheikh Abou 'l-Âbbas Ah'med ben Abou 'Othman Sâïd ben Abd El-Ouah'id Chemmakhi, pages 246, 286, 552, 554. — Voir sur cet ouvrage A. de C. Motylinski, *Les livres de la secte abadhite*. Alger, 1885, in-8.

2. Les mots *Ara, Our, Iouer*, qui se trouvent devant des noms propres, comme Ara Amour, Our Set't'of, Iouer Chefaniin, employés dans le texte, ont tous la même signification et correspondent aux mots arabes Beni, Aoulad. Le thème radical est R OU ou peut-être même R, avec le sens primitif de « donner naissance, enfanter, être originaire ». Dans le dialecte des Nefousa, *arou*, enfanter, forme factitive *sirou*, faire enfanter, accoucher, *tamsirout*, accoucheuse; *ara*, enfants, *roumm*, frère, composé de Rou OU M, fils de mère, *eg ma* dans les autres dialectes. Un grand nombre de noms de tribus berbères commencent par *our*, Ourfadjdjouma, Ourar'ma, Ourtizalen; il serait logique de les orthographier Our Fadjdjouma, Our Ar'ma, etc. Peut-être le nom berbère d'Ouargla, Ouardjelan, doit-il être décomposé de la même façon; il ne serait alors qu'un nom de tribu ou de fraction.

3. On retrouve là le mot *ar'erem*, perdu dans le dialecte actuel de Nefousa et qui subsiste chez les Beni Mzab et dans d'autres dialectes berbères avec le sens de ville, château-fort. Voir dans le *Siar* de Chemmakhi Ar'erem n Iman, pages 178, 198, 245, 248, 251, 252. A rattacher à la même racine le nom du k'çar de Tar'ermin, moudiriat de Fosat'o, cité également dans le *Siar*, pages 252, 253, 260, 303, 535, 551, 553, qui n'est que la forme pluriel du diminutif *Tar'eremt*, petit k'çar.

dhites[1], s'élève en montant, du pied de la montagne à la cime. Il existe en cet endroit une mare connue sous le nom de Nanna Tala d'El-Kalâa[2], où l'on apporte les jeunes enfants malades; on les lave dans l'eau de la mare, et l'on brûle auprès d'eux des parfums, afin que Dieu les soulage. Une bourgade, appelée fik'sebt n Akka, annexe du grand k'çar, le domine au sud; on y compte cent maisons.

Dans le voisinage et à l'ouest du k'çar, se trouve une autre bourgade, celle des At Bou Khezama. Au sud de ces deux groupes s'élève la bourgade antique de Soufit', entourée de ravins tellement remplis de figuiers, de vignes et de pêchers qu'il n'est possible à personne de songer à les compter. AtBouKhezama.

A l'ouest d'El-K'alâa est un autre k'çar appelé Oumm El-Djorsan, à une demi-heure de marche du précédent; il est situé à l'entrée d'un îlot, au sommet d'une montagne, entouré d'oliviers et de figuiers. Il y a dans la rue principale une mosquée; on compte dans ce k'çar cinq maisons d'âzzaba[3] abadhites; les autres, au nombre d'environ deux cent cinquante, sont à des malékites. Oumm El Djorsan.

1. D'après le *Siar* de Chemmakhi (p. 98), ce fut Selma ben Sa'd, disciple d'Abou 'Obeida Moslem ben Abou Kerima, qui vint ce premier dans le Maghreb pour propager la doctrine ouahbite abadhite. C'est ce Selma ben Sa'd qui engagea ceux que les chroniques abadhites appellent *les porteurs de la science*, à aller se faire initier à la doctrine par Abou 'Obeida, qui habitait Baçra. Ces cinq personnages, dont deux, Abou el-Khat't'ab Abd el-Âla el-Mafri et Abd er-Rah'man ben Rostem, devaient régner sur les Berbères abadhites avec le titre d'imâm, avaient été précédés dans le Djebel Nefousa par Ibn Mor't'ir, d'Idjenaoun, qui avait été avant eux disciple d'Abd 'Obeida et qui exerçait dans son village d'origine les fonctions de mufti (*Siar* de Chemmakhi, page 143). On peut conclure de ces documents que la doctrine ouahbite fut introduite dans le Djebel Nefousa dans les premières années du IIe siècle de l'hégire (voir également sur Selma ben Sa'd et Ibn Mor't'ir la *Chronique d'Abou Zakaria*, traduite par M. Masqueray. Alger, 1878, in-8).

2. Nanna Tala est appelée d'El-K'alâa pour la distinguer de la Nanna Tala qui se trouve dans l'Ouad Berreçof, à peu de distance de Guetros et de Cherous (moudiriat de Lalout).

3. Au sujet des *dzzaba* chez les Abadhites, voir les intéressants renseignements donnés par M. Masqueray, dans la *Chronique d'Abou Zakaria*, et quelques notes de ma brochure *Guerara depuis sa fondation*. Alger, 1885, in-8, p. 23-29.

In Yah'ii.

A proximité et à l'ouest du grand k'çar, s'élève la bourgade malékite d'In Yah'ii, à la cime de la montagne ; au-dessous, est l'Ouad
Chiloua, rempli d'oliviers, dont les eaux se déversent au-dessus
d'El-Guet'l'ar.

Tazourait.

Pénétrez de là au milieu de l'îlot en suivant le chemin de la
colline, vous arriverez au k'çar de Tazourait, sis au sommet de la
berge. Au sud se trouve le ravin dit Talat n tanout [1], avec un
puits. Le k'çar est divisé en deux groupes entre lesquels se trouvent un puits appelé Mit'er [2] et une mosquée, dite mosquée apostolique [3], entourée de tombeaux ; au nord, s'élève la mosquée de
Tiâizzebt. Le k'çar compte environ cent maisons abadhites.

Prenez de là la direction du nord en suivant la route, vous
arriverez à un col par lequel passe la route impériale qui amène
les gens de Tripoli. Au fond du col, un peu vers le nord, on trouve
deux puits appelés les puits de Tar'ma ; à quelque distance, au-
dessous de la berge, s'élève une ancienne bourgade.

Tar'ma.

Montez de là par le col, vous atteindrez Tar'ma [4], groupe composé de deux k'çour séparés par une distance d'un mille. La
partie est, appelée Yah'ii, est habitée par des Abadhites qui y ont
une mosquée. Ce village a environ trente maisons ; sis au som-

1. *Talat n tanout* : le ravin du puits.
2. Le *Siar* de Chemmakhi mentionne une localité du Djebel Nefousa appelée Amitiren ou Imitiren (page 317).
3. On sait qu'avant l'introduction de l'islamisme chez eux, les Nefousa
étaient chrétiens. Il est souvent question, dans le *Siar*, de mosquées ou
d'églises apostoliques. A l'article biographique consacré au cheikh Abou
Moh'ammed Âbd Allah ben Âbd el-Ouah'id Chemmakhi, petit-fils du célèbre
Abou Saken Âmeur ben Âli Chemmakhi, auteur d'importants ouvrages, on
trouve le passage suivant qui donne brièvement d'intéressants renseignements
sur les monuments religieux de l'époque chrétienne chez les Nefousa :
« Il fit une fois une retraite dans la mosquée de Toukit qui, dit-on, date
des apôtres. Il existe dans le Djebel onze mosquées attribuées aux apôtres »
(*Siar*, page 572). Dans un document qui fait suite au *Siar* de Chemmakhi
et qui indique les lieux saints du Djebel, on cite : l'église de Forsat'a ; celle
d'El-Djezira, celle de Bor't'oura ; celle de Tinbat'in ; celle d'Ar'erminan, en
avant d'Abdilan ; celle de Temezda ; celle de Toukit ; celle de Nesim (peut-
être Mesin) (édition autographiée du *Siar*, pages 599 et 600).
4. Tar'ma est un k'çar dont il est fait mention dans le *Siar*, page 343. Le
nom est orthographié ﻧﺎﻏﻤﺎ, dans cet ouvrage.

met de la berge, il est dominé à l'est par une montagne ; à l'ouest se trouvent des oliviers.

La partie occidentale, dite Tar'ma, comprend dix maisons appartenant à des Arabes appelés Chouiab, et cent cinquante maisons abadhites. Au milieu d'une croupe et à l'est du k'çar s'élève la mosquée dite de Apôtres. Tar'ma, sise au sommet de la berge, possède de nombreuses citernes pour les eaux de pluie. Les puits du k'çar, fort éloignés, sont au pied de la montagne dans des gorges ; deux, dont nous avons déjà parlé, sont à l'est ; un autre, appelé El-Kelbia, est à l'ouest. Sur cette croupe de Tar'ma se trouve un rocher isolé : l'homme qui y pénétrerait n'aurait à craindre là les attaques de personne, alors même que les habitants du monde entier viendraient contre lui. Cet îlot se compose d'une seule masse rocheuse d'environ cent coudées, n'offrant d'accès que par une ouverture, du côté de l'est. A l'ouest, au milieu du rocher, se trouvent de grandes cavernes servant de magasins, qui ont été creusées par les anciens.

Marchez à l'ouest de Tazourait et de Tar'ma, vous arriverez à At ou R'asrou situé sur le dos d'une montagne. Ce village est At ou R'asrou. entouré de nombreux puits, une dizaine, et d'oliviers. A l'intérieur du k'çar se trouve une mosquée. On y compte douze familles juives et cinquante familles berbères. Cinq mosquées s'élèvent en cet endroit : l'une à l'est, appelée Nanna Tiouat'riouin et située au sommet d'une montagne, se voit de Souf Ethel ; sa sainteté est grande. La seconde, appelée Ammi Âmeur ou Âli Chemmakhi [1],

---

1. Chemmakhi consacre dans le *Siar* une longue notice biographique à ce saint personnage (pages 559, 560, 561). Abou Saken Âmeur ben Âli ben Âmeur ben Isfao Chemmakhi, après avoir fait des études sous la direction des plus célèbres docteurs de la secte abadhite, se transporta à Ifren, en 756 de l'hégire, et y professa à la grande mosquée jusqu'à sa mort (792). Il est l'auteur d'un *Diouân* célèbre, en quatre volumes, traitant de la prière, de la dîme aumônière, du jeûne, du pèlerinage, des vœux, serments et devoirs, des ventes, du partage et du gage, des testaments et donations. Cet ouvrage fait autorité chez les Nefousa et on compte comme venant seulement en seconde ligne le *Diouân* d'Abou Zakaria Yah'ia ben El-Kheir et le *Diouân* El-Achiakh. Le cheikh Ameur est également l'auteur de poèmes religieux. On raconte qu'Ameur étant enfant, son père l'avait envoyé aux champs faire paître une vache. Un Arabe qui passait le trouva tenant l'ani-

est au milieu des plantations, entourée de tombes. La troisième, dite mosquée des Our Set't'of, est située au sud, au milieu de ruines, dans le voisinage d'une petite mosquée consacrée à Ammi T'aher [1], sise à l'est. L'autre, appelée Ammi Âbd El-Ouh'ad [2], est au milieu du ravin de Disir, entourée de quelques tombes [3].

mal par son licol. — Pourquoi, lui dit-il, seul parmi les enfants, tiens-tu ainsi cette vache? — Pour qu'elle ne commette pas de dégâts dans les cultures des gens, répondit l'enfant. L'homme alla trouver le père d'Ameur et lui dit : « Tu as là un fils qui est propre à l'étude de la science et non à la garde des bestiaux. » Cet incident décida de la vocation du jeune homme qui devint une des lumières de son temps.

1. Il s'agit d'un pieux personnage, T'aher ben Iousef, dont Chemmakhi donne la biographie dans le *Siar*, pages 342, 343. T'ahar était originaire du Sah'el de Mahdia et vivait au temps de Mo'izz ben Badis. Imposé pour sept cents k'afiz d'huile qu'il ne pouvait payer, il résolut d'émigrer. L'Ifrik'ia, dit Chemmakhi, étant à cette époque, comme un bassin de sang, il se dirigea vers les Nefousa. Il monta d'abord à Ifren, dont les habitants n'étaient pas à cette époque des Ouahbites purs, mais appartenaient à des branches dissidentes des Abadhites, telles que les Khelfia, les H'oseina et les Mistaoua. Il quitta bientôt Tar'ma et se transporta successivement à Tardait, Idjenaoun, Cherous et enfin à Achefi.

2. Probablement Abd el-Ouah'id, père du Cheikh Abou Moh'ammed Abd Allah, dont il est question dans la note 9.

3. Le k'çar d'At ou R'asrou est un endroit fertile en saints personnages et en miracles. Je donne ci-après le texte en temazir't des Nefousa et la traduction d'une anecdote édifiante que m'a racontée Brahim ben Sliman Chemmakhi.

TEXTE

Ammaloun af ergaz ousser ism ennes Ammi Sâid izdar' di at ou R'asrou, di taddart tamok'rant n Iâzzaben, bab n tanemmirt, si tanemmirt ennes tasounet ased senet n tououdadin itezzeg disent; si diet' andiet' itsemounsou disent stiga, r'ers tebouchilin taouinet ed tiga. Ass s oussan, eouinet ed tidrit n mendi d alemmas n tiga si mendi n ioudan. Si d ousounet ed tououdadin fekounet asent tiga, oufounet dis tidrit ih, oul r'essounet adetchounet, effer'net erouelnet oul tent ezzegnet tebouchilin. Ikmou baba nsent, imlou : ammai tououdadin erouelnet? Melounet tebouchilin : Oul nessen af mai. Iougour itsegger di tiga, ioufou tidrit, imlou : Smanis tiouimet ed tiga iouh? Melounet : Si tir'i n ouidi. Iml asent : « Tesekmemet dah aitli u ioudan d r.it ah'aram; sis erouelnet tououdadin. Sah iseknakmet ajellid amok'ran ouasi oul ibbi oui n ioudan asisekhkher mai illan af oudem n tamourt' d ijenouen d ouasi itebbi oui n ioudan oul itaf an ajellid amok'ran echchan. »

TRADUCTION

On raconte qu'un vieillard nommé Ammi Sâid, habitant At ou R'asrou, dans la grande maison des Azzaba, était un homme de bénédiction telle que des femelles de moûflon venaient habituellement chez lui lui donner leur lait à traire; chaque nuit, il les faisait souper avec de l'herbe que

De là, vous descendrez à At El-H'aret. Ce village, comprenant At El Ha'ret.
un quart de Juifs et trois quarts de Berbères, est situé au sommet
de la berge sur un rocher. Au-dessous est un puits unique, dont
l'eau est peu abondante. Deux mosquées s'élèvent dans le k'çar,
l'une en bas et l'autre en haut. A l'est, se trouve la synagogue
juive au milieu d'un ravin en face duquel se dresse, à la cime de
la montagne, la bourgade de Khelifa ou [Madhi où l'on compte
cinq maisons et deux mosquées ; l'une d'elles est en face de l'autre, appelée Merçaoun [1]. En avant, s'élève la synagogue des Juifs,
vaste construction où les Juifs d'Ifren viennent habituellement
faire leurs prières. Ces trois édifices sont au milieu de ruines. A
l'est de la bourgade sont les tombeaux des Juifs, au sud desquels,
à la tête d'un ravin, se trouve un puits appelé Ou Aisi. Là s'abreuvent les At Mân, Abadhites qui habitent le petit k'çar de ce nom,
situé au milieu de ruines. La moitié du k'çar est aux Juifs et
l'autre aux Berbères. Là s'élève une grande mosquée appelée
Mok'k'or dans laquelle Ammi Âmeur [2] professait, entouré de ses
disciples.

ses petites filles lui apportaient. Un certain jour, elles apportèrent au milieu de l'herbe un épi d'orge provenant des cultures des gens. Lorsque
les femelles de mouflon vinrent, les fillettes leur donnèrent l'herbe; mais
les bêtes y ayant trouvé cet épi, ne voulurent pas manger ; elles sortirent
et prirent la fuite sans que les filles eussent pu les traire. Leur père étant
rentré, leur dit : Pourquoi les femelles de mouflon ont-elles fui? — Nous
ne savons pourquoi, répondirent les filles. Le père alla chercher dans
l'herbe et ayant trouvé l'épi, il dit : D'où avez-vous apporté cet épi? —
Du champ d'un tel, répondirent les enfants. Il leur dit : « Vous avez fait
entrer ici le bien d'autrui qui est illicite; c'est pour cette raison que les
bêtes ont fui : le Souverain Maître vous a montré par là que celui qui ne
ramasse pas le bien des gens peut avoir à sa disposition ce qui est sur la
terre et dans le ciel; quant à celui qui ramasse le bien d'autrui, il ne
trouvera pas auprès de Dieu un rang élevé. »

1. V. pour Merçaoun ou Imersaoun امرساون, le Siar, pages 240, 241,
552, 554.

2. Il s'agit encore du cheikh Abou Saken Âmeur ben Âli, dont il est
question dans la note 1, p. 75. Le miracle raconté dans le texte est rapporté, en termes à peu près semblables, dans la biographie de ce pieux personnage (Siar, page 560). Chemmakhi ajoute que ce prodige dut se produire
en été. Voir pour les prodiges et miracles du Djebel Nefousa les chroniques abadhites, Chronique d'Abou Zakaria, T'abak'at el-Mechaikh de
Derdjini, El-Djaouaher el-Moutak'at de Berradi et particulièrement le Siar de
Chemmakhi, plus commode à consulter parce qu'il résume les autres

On raconte qu'étant très âgé et ne pouvant se lever pour sortir, il sentit l'urine couler sous lui : « O mon Dieu, dit-il, vous qui êtes le maître souverain, lavez cet endroit. » Dieu envoya un nuage de pluie et, ouvrant la voûte au-dessus du vieillard, il lava parfaitement l'endroit souillé par l'urine. On vint pour boucher ce trou, mais la maçonnerie ne voulut pas tenir et il en est ainsi jusqu'à ce jour.

Al Grada.
At Bou Serafa.

En avant des At Mân, est la bourgade des At Grada et des At Bou Serafa. Entre ces deux villages se trouve une mosquée appelée At Boulal et un puits dit R'orab. La bourgade, habitée par des Abadhites, est au milieu des ruines.

Ou Tebakhbou.

A l'est de ces localités, est le k'çar d'Ou Tebakhbou, situé au milieu des ruines, près duquel s'élèvent, dans la direction de l'est, une mosquée et une zaouïa considérable, celle d'El-H'adj Salem.

At Mechoucha.

A l'ouest, au milieu de ruines est la bourgade abadhite des At Mechoucha, à l'est de laquelle s'élève la grande mosquée d'Ilichan où les habitants des trois villages viennent prier le vendredi.

Bandaou.

Au sud des At Mechoucha, on trouve deux puits appelés El-Melh'a, à l'ouest desquels est la bourgage de Bandaou, comprenant cinq maisons abadhites; elle est située au milieu de ruines, à la crête de la montagne; au-dessous est un grand rocher où les anciens ont creusé une trentaine de magasins, dans lesquels on enferme les effets. Au nord de Banc'aou, sont les deux k'çour des Turks entre lesquels s'élève une mosquée; les maisons des Turks sont au nombre de trente. Au-dessous du k'çar supérieur est le marché dit du Sultan, auprès duquel s'élève une petite mosquée pourvue d'une citerne, sur une croupe, au sommet de la berge.

Tagarbouset.

Au-dessous est la source appelée T'it' n Tagarbouset et au-dessus, vers l'est, le k'çar abadhite de Tagarbouset, avec une mosquée au milieu. Ce k'çar situé au sommet de la berge est coupé par un ravin qui descend vers la source. Cette source où viennent chercher leur eau les Turks et les habitants de Tagarbouset arrose

ouvrages et les complète. On trouvera des détails dans ce sens aux pages 510 et suivantes et 544 de ce dernier ouvrage.

environ cinq cents palmiers. On y cultive des oignons et des piments jaunes.

Là se termine le groupe d'Ifren.

DIVISION

TERRITOIRE D'ILER'ZAZ

Nous commencerons maintenant par l'Ouad Ter'ouzia, que les Arabes appellent aussi Ouadi Iler'zaz, où l'on trouve cinq bourgades. Cette vallée est entourée de tous côtés par de hautes berges ; une seule ouverture, du côté du nord, donne accès dans la Djefara. Les habitants de cette région sont malékites.

La bourgade la plus basse, appelée El-Mesaïd, est située à la cime d'une montagne et a une petite mosquée. *El Mesaïd.*

Au-dessus d'elle, s'élève la bourgade des At At'ia qui a pour voisine du côté de l'est la bourgade des At Khelifa, située au-dessous d'un rocher et dominée par El-Guet't'ar, terre plantée de beaucoup de vignes, d'oliviers et de figuiers dans laquelle se déversent les eaux de l'Ouad Taroumit. *At At'ia. At Khelifa.*

A l'ouest d'El-Guet't'ar est la bourgade de Bou Khet'am. *Bou Khet'am.*
Là finit l'Ouad Ter'ouzia.

DIVISION

TERRITOIRE DE TAROUMIT (OUAD ROUMIA)

Nous monterons maintenant vers Taroumit où se trouvent cinq grands k'çour malékites, séparés par une rivière d'eau courante, remplie de cultures potagères.

Le k'çar du nord, At Sah'el, est au sommet d'une montagne, ayant en face celui des At Yah'ia, situé sur le bord d'un cours d'eau. *At Sah'el. At Yah'ia.*

Au sud du précédent, se trouve le k'çar des At Djellal dont la population est composée pour une moitié de nègres et pour l'autre de blancs ; c'est une terre de figuiers et de palmiers, située à l'est de la rivière. *At Djellal.*

El K'et'â. Un autre k'çar, appelé El-K'et'â, est au pied d'une montagne, à l'ouest de la rivière.

At Aouafia. Au-dessus de ces villages, est le k'çar des At Aouafia, situé au sommet d'une montagne, à l'est de l'ouad. En amont, est la source de la rivière ; elle alimente l'ouad de ses eaux abondantes qui descendent jusqu'à El-Guet't'ar.

Là finit l'Ouad Roumia.

DIVISION

TERRITOIRE DES KHELAÏFIA

Marchant vers l'ouest, nous irons maintenant vers les Khelaïfia.

Zorgan. Nous commencerons par le k'çar de Zorgan, situé au milieu d'un bois d'oliviers et de figuiers, au bord d'un ravin. En avant et loin du k'çar, se trouvent deux puits qui alimentent en eau les habitants. Entre Zorgan et Taroumit, il y a une heure de marche.

Brahma Derrière Zorgan, dans la direction du nord, s'élève, au sommet de la berge, le k'çar des Brahma, dont les habitants possèdent beaucoup d'oliviers et de figuiers ; ils ont également d'autres terres dans l'ouad, où se trouvent de nombreuses sources et d'importantes cultures potagères.

At Diab.
At At'ia. Les k'çour des At Diab et des At Ât'ia sont sur le bord de la rivière, à l'est ; celui des At El-Ouad est à l'ouest. Ces k'çour sont situés sur une croupe. Dans le haut de la rivière, se trouvent de nombreux puits, une vingtaine, appelés Tâouinat. La profondeur de chacun de ces puits est égale à la taille d'un homme. Pendant l'été, les Arabes viennent en grand nombre camper autour de ces points d'eau et y abreuvent leurs chamelles, leurs brebis et leurs chèvres.

At Sr'ier. Un autre k'çar, à une demi-heure de marche des précédents, celui des At Sr'ier, est situé à l'extrémité et au bord de la même croupe, à l'ouest. Au-dessous du k'çar est l'Ouad El-Bagoul, très encaissé, près de la tête duquel sort une source d'excellente eau. Allez de là à la zaouïa d'El-Âlem qui est au milieu du T'ahar, entre les Khelaïfia et les Riaina, à égale distance de ces deux groupes séparés par deux heures de marche.

DIVISION

TERRITOIRE DES RIAINA

Nous entrons maintenant dans le territoire des Riaina qui sont malékites. En commençant par l'est, le premier k'çar est celui des At ou Âli, sis au sommet de la berge, avec une mosquée destinée aux Arabes. Au pied de la berge est une source avec quelques palmiers où s'abreuvent les At ou Âli ; ils ont aussi de nombreuses citernes.

At ou Ali.

Derrière le k'çar se trouve la bourgade d'El-R'oraba, entourée d'oliviers.

El R'oraba.

De là, marchez à l'ouest, vous arriverez aux At Bou H'asien, très grand k'çar, ayant deux mosquées. Il est à une heure de marche des At ou Âli. A l'extrémité et au bas de la berge, est une très belle source qui arrose de nombreux palmiers.

At Bou H'asien.

Auprès de la source est un autre grand k'çar, celui des At El-Âin, où l'on compte environ cinq cents maisons. Il est situé au pied d'une berge escarpée qui l'entoure de tous côtés.

At El Ain.

Au sommet de l'escarpement, vers l'ouest, s'élève le k'çar des At Âbd El-Âziz, avec une mosquée, en avant de laquelle sont des citernes d'eau de pluie. Quand elles sont épuisées, on va chercher l'eau à une source qui est au pied de la berge. A l'ouest du k'çar des At Âbd El-Âziz, s'étend une très vaste croupe sur laquelle se trouvent trois k'çoar et la zaouïa de Senousi.

At Abd El Aziz.

L'un de ces k'çour, appelé El-Fouadhel, à une demi-heure de marche des At Âbd El-Âziz, est au milieu de la croupe entouré d'oliviers.

El Fouadhel.

L'autre, appelé El-Âguiba, est au sommet d'un rocher et a une mosquée ; au-dessous du k'çar se trouve une grosse source, avec de nombreux palmiers, où boivent les habitants.

El Aguiba.

En avant d'El-Âguïba, se trouve le k'çar des At Rian, situé au sommet d'une montagne et ayant au-dessous de lui une belle source qui arrose de nombreux palmiers. C'est le dernier des k'çour du moudiriat d'Ifren vers l'ouest. Les At Rian ont en avant de leur k'çar des ruines qui portent le nom de ruines de Chem-

At Rian.

makh, ancêtre de l'auteur. A partir de cet endroit, on ne trouve plus d'habitants, mais seulement des plantations de figuiers qui remplissent près de cent ravins.

CHAPITRE CONCERNANT LE MOUDIRIAT DE FOSAT'O

DIVISION

TERRITOIRE DE ZENTAN

Nous commencerons maintenant dans le moudiriat de Fosat'o par le premier territoire à l'est, celui de Zentan, qui s'étend dans le T'ahar[1], ayant à sa gauche les ruines de Tar'ermin[2]; il est habité par des malékites.

Ce territoire comprend quatre grands k'çour dont la population peut être évaluée à trois mille hommes vivant en partie dans l'Ouâsa[3] et en partie dans les villages.

At Douib.

Le premier de ces k'çour, appelé At Douib, est au milieu d'un ravin et entouré d'oliviers. Quelques habitations sont creusées sous terre : on creuse à une profondeur de vingt coudées, au-dessous de la surface du sol, puis on pratique sous terre des chambres et des grottes au-dessus desquelles on installe d'autres pièces et des magasins. On accède à l'habitation par des escaliers taillés, qui ont leur issue en un autre point. Il existe dans ce k'çar quelques maisons bâties avec du plâtre. Les habitants possèdent des oliviers, des chamelles et des brebis. N'ayant ni eaux de sources ni puits, ils boivent l'eau de pluie, recueillie dans de nombreuses citernes.

1. C'est le dos de la montagne, le plateau tripolitain qu'on appelle T'ahar (ظهر).

2. Tar'ermin est citée dans le *Siar* de Chemmakhi, pages 252, 253, 260, 303, 535, 551, 553. Les oliviers de Tar'ermin étaient célèbres par leur vigueur. Une sainte femme du Djebel, Oumm Djeldin, souhaitait trois choses : visiter la pieuse Oumm Zârour, voir les oliviers de Tar'ermin et avoir les prières d'Abou Moh'ammed sur sa tombe.

3. On appelle Ouâsa la région tourmentée qui s'étend tout à fait au sud du Djebel tripolitain. C'est un désert coupé de ravins profonds, comme la Chebka du Mzab.

Derrière At Douib, se trouve le petit k'çar des At Khelifa, sis *At Khelifa.* au sommet d'une montagne, dont les habitants vont ordinaire- ment s'installer dans l'Ouâsa pour y faire paître leurs troupeaux.

En avant d'At Khelifa est le k'çar des At Belhoul, dont les ha- *At Belhoul.* bitations sont creusées sous terre. On y compte environ sept cents maisons.

Le k'çar du sud, appelé El-Gouasem, est composé pour une *El Gouasem.* moitié de maisons bâties et pour l'autre d'habitations creusées. On y remarque une zaonïa de l'ordre de Senousi, dirigée par El-H'adj' Belk'asem Adjriou, propriétaire de nombreuses chamelles.

Là finit le territoire de Zentan.

DIVISION

TERRITOIRE DE RODJEBAN

De là, nous irons aux Rodjeban, séparés de Zentan par une grande rivière qu'on appelle Metlala et aussi Ouadi El-Akhira.

Au fond de cette vallée et à sa partie inférieure, dans la Djefara, on trouve le kçar des At El-H'adj, où les Arabes emmagasinent *At El H'adj.* leurs vivres, mais qu'ils n'habitent pas; ils y ont un gardien. Au- dessous du k'çar, vers le nord, est une belle source avec de nom- breux palmiers. Les nomades d'At El-H'adj sont des gens de tentes qui se déplacent dans les terres avec leur tentes. A la tête de la rivière et en amont du k'çar, au pied d'un rocher, se trouve une source où l'on fait boire les chamelles et les brebis.

Nous monterons maintenant vers les Rodjeban et commence- rons par la bourgade des At Brahim qui occupe le milieu d'un *At Brahim.* rocher. En avant du village est une très grosse source, entourée de palmiers, de figuiers et de vignes; on y cultive aussi des lé- gumes. Les habitants de cette bourgade, comprenant cinquante maisons, sont des voleurs.

En montant de là vers le nord, vous arriverez à la bourgade de *Tirekt* Tirekt[1], appelée aussi At Ât'ia; on y trouve une zaouïa de l'ordre *où At At'ia.*

1. La bourgade de Tirekt est citée dans le *Siar*, page 243. Il n'est pas inutile de faire remarquer que cette localité a un nom berbère qui est le nom ancien et un nom arabe plus récent qui n'indique seulement que le nom

de Senousi où les Arabes se livrent aux prières. Le village qui comprend environ cent maisons est situé au milieu d'un ravin, au sommet de la berge, ayant à l'ouest de nombreux oliviers et de vieilles ruines. Au sommet d'une montagne qui se trouve en ce point sont les vestiges appelés Tat'lalet n Friâis.

Charen.

Au nord des At Ât'ia, au sommet de la berge, s'élève un k'çar appelé Charen[1] dont les habitants possèdent une grande quantité d'oliviers et des troupeaux considérables de brebis. A l'ouest du k'çar, dans lequel se trouve une mosquée, on voit les ruines im-

Ruines d'Idref.

portantes d'Idref[2] et, au milieu des plantations, une très grande et antique mosquée.

Zâfrana.

Au nord des ruines, un autre k'çar, appelé Zâfrana, est à la crête d'un rocher; il est peuplé en partie de familles berbères et en partie d'Arabes. On y trouve une mosquée abadhite et, au pied du rocher, une source où s'alimentent les gens du k'çar qui ont aussi de nombreuses citernes. Leurs oliviers sont à l'ouest du k'çar.

El-R'olth.

De là, vous irez au k'çar d'El-R'olth, sis au milieu des planta-tions et entouré d'oliviers, où s'élève une antique mosquée du rite abadhite. Le village est alimenté en eau par une petite source,

---

de l'ancètre, éponyme des habitants. Il est probable qu'il en est de même pour les bourgades des At Mân, At Grada, At Serafa, At Boulal, At Mechoucha, At Khelifa, At Sah'el, At Yah'ia et autres dont le nom berbère n'est pas donné.

1. Charen est écrit اشارن, Icharen, dans le *Siar*, page 243. C'est la patrie du pieux et savant Abou Ish'ak' el-Ichareni. Ce personnage installé comme chef de son village disait à ses compatriotes : « Je vous demande quatre choses : de faire la prière, l'appel à la prière, de respecter les écrits et de réciter le *K'oran*. Je vous promets en retour la sécurité pour vos voyageurs, l'abondance dans vos biens, le feu de la guerre s'éteindra chez vous et que vous échapperez à la sécheresse. » Quand il revenait de ses affaires et arri-vait à la mosquée, s'il n'y trouvait personne, il s'écriait : ما هذا يا اهل شارن صرتم اشارن, jouant ainsi sur le mot Ichcharen qui signifie là « peu nombreux ».

2. Le nom d'Idref (ادرف) se trouve répété dans le *Siar*, pages 184, 288, 324, 341. D'après cet ouvrage, à l'époque du cheikh Abou Yah'ia (fin du IVe siècle de l'hégire), le k'çar d'Idref fut détruit par mille cavaliers du Zenata, soudoyés par Medjedoub ben Yousef. Un oratoire d'Idref est cité parmi les lieux saints du Djebel Nefousa (p. 600).

éloignée et d'accès difficile, qui est au milieu de la rivière. De ce point, continuez à marcher vers l'est, vous atteindrez le k'çar de Zentout[1], sis au sommet d'un énorme rocher en dos d'âne, très escarpé, auquel on accède par l'ouest. Les plantations sont éloignées du k'çar où se trouve une grande mosquée. L'eau est fournie aux habitants par un puits unique profond et d'accès très difficile qui est creusé au pied du rocher. Ces six k'çour sont voisins les uns des autres, si bien que de l'un d'eux on voit tous les autres. Au printemps, les habitants de ce groupe sortent avec leurs chamelles et leurs brebis; en été, ils reviennent à leurs k'çour. Zentout.

Il nous reste à voir dans ce groupe le k'çar d'At Tardaït[2], divisé en deux villages, entre lesquels s'étendent des ruines provenant des anciens habitants. Le petit k'çar, situé sur une croupe, compte environ trente maisons; le grand est en haut de la berge; en avant est une mosquée appelée Ammi Yah'ia Et-Tardaïti[3]. Le k'çar est peuplé par moitié de Berbères et par moitié d'Arabes. L'eau potable est fournie aux habitants par un puits situé au milieu des plantations. Ils ont également de nombreuses citernes et une source, en bas de la berge, au-dessous de la grande route par laquelle les Rodjeban et autres montent, en venant de la Djefara. Ils possèdent de grandes quantités d'oliviers et ont de nombreux champs; ce sont des terres propres aux céréales. Ils At Tardaït.

1. Le nom de Zentout est orthographié dans le *Siar* Sentout سنتوت (p. 246). C'est la patrie d'un pieux personnage, Abou Châtha. Son neveu, Abou Younes, de Temidal, étant entré un jour dans la mosquée où se trouvait Abou Châtha, dit que le plafond du bâtiment s'était ouvert au-dessus de lui. En présence de ce miracle indéniable, il dit : « Fais des vœux pour notre Djebel, mon oncle, et prie Dieu qu'il ne le place jamais sous le sabre des Abassides. » Dans l'énumération des lieux saints du Djebel Nefousa (p. 600 du *Siar*) on trouve « trois oratoires d'Abou Châtha Sentouti ».

2. Le k'çar des At Tardaït figure dans le *Siar* (p. 247, 297, 343, 542) sous le nom de Tardit ou Tardaït (تارديت). On visite à Tardaït l'oratoire d'Aourir Amok'ran (*Siar*, p. 600).

3. Les Abou Zakaria Yah'ia sont très nombreux parmi les Nefousa cités dans le *Siar* de Chemmakhi; malheureusement leur origine n'est pas toujours indiquée et cette négligence de l'auteur rend les recherches très difficiles. Je n'ai pas trouvé dans le *Siar* le Yah'ia de Tardaït dont il est question dans le texte.

labourent beaucoup dans le Demna. Ce k'çar est à une heure de marche des k'çour précédents.

Achefi.

A l'ouest de Tardaït, on trouve le k'çar d'Achefi [1] qui appartenait autrefois aux Berbères et qui est actuellement aux Arabes. On y remarque, au milieu d'un ravin entouré d'oliviers, la mosquée consacrée à Ammi T'aher [2], homme de bénédiction. Les habitants du k'çar boivent à un puits et ont en outre de nombreuses citernes.

DIVISION

TERRITOIRE DE FOSAT'O

It'ermisen ou T'ermisa.

A l'ouest d'Achefi, au sommet d'un pic rocheux auquel on accède par le sud, s'élève le k'çar de T'ermisa [3] où se trouve la mosquée dite apostolique, qui est la plus ancienne de Fosat'o. Le k'çar, peuplé de Berbères abadhites, comprend environ cinquante maisons; l'eau potable est fournie par un puits et des citernes. Au-dessous du k'çar, on trouve un point très abondant en eau appelé Tefiri [4], situé dans la Djefara; il consiste en puits profonds de quatre coudées, tous contigus. Quand on descend un seau dans un de ces puits, on entend les eaux gronder avec un bruit pareil à celui d'une meule en mouvement et on les voit couler. La campagne, commune à T'ermisa et à Fosat'o, s'étend en avant du k'çar sur une vaste croupe, à une heure de marche de Fosat'o. Au-dessous du village, dans la direction de l'ouest, est une grande rivière. A partir de ce point, nous entrerons dans le terri-

1. Achefi figure dans le *Siar* avec la même orthographe (p. 245); plus loin, page 544, il est écrit Akefi.

2. C'est le même Ammi T'aher ben Yousef dont il est question dans la note 1, p. 75. Ce pieux personnage après avoir résidé dans plusieurs localités du Djebel, finit par s'installer à Achefi (*Siar*, 342, p. 343). On remarque auprès de l'oratoire d'Ammi T'ahar les traces marquées dans le rocher d'une chamelle, d'une ânesse et d'un chien.

3. T'ermisa est citée dans le *Siar* de Chemmakhi (p. 243, 244, 246).

4. Parmi les lieux vénérés du Djebel Nefousa (v. document faisant suite au *Kitab es-Siar*, p. 598-600), on trouve un endroit appelé Tefiri n Faouin.

toire de Fosat'o dont les habitants, tous Abadhites, labourent beaucoup ; ils possèdent des oliviers, des brebis et des chèvres en
grande quantité; mais ils n'ont que peu de chamelles.

Nous commencerons par la bourgade d'Oudjlin, où se trouve
une petite mosquée, bourgade sise au haut de la berge et comprenant trente maisons. Au-dessous du village est la rivière ; les
plantations d'oliviers s'étendent dans la direction de l'est.

En avant d'Oudjlin est la bourgade d'Ouchebari, séparée de la
précédente par un petit ravin. Elle se dresse au haut de la berge
et a une mosquée. L'eau est fournie à ces deux localités par la
source de Temouget', située au milieu de la montagne et dont
nous parlerons plus loin.

En avant d'Ouchebari est le k'çar de Talat Noumiran ; entre ces
deux k'çour, s'élève une montagne qui les cache l'un à l'autre. Le
village situé au pied de la montagne a une mosquée. En face est
un ravin complanté d'oliviers et au-dessous un oratoire appelé
Bou Chiba[1] que les femmes et les hommes vont visiter. On compte
dans ce k'çar cent familles abadhites.

Au-dessous du k'çar est une bourgade appelée Temouget'[2],
avec une mosquée. Elle est suspendue à flanc de montagne entre
Talat Noumiran qui la domine et At Ignaoun, en contre-bas. Elle
compte quinze maisons.

Au-dessous du village, jaillit la fameuse et belle source de
Temouget' qui, outre des palmiers et des oliviers, arrose environ
cinq cents champs. Les eaux descendent vers At Ignaoun et
entrent dans la citerne d'Abou Obeïda, au milieu de la mosquée
de ce nom. Elles se déversent ensuite dans de grands bassins
pour servir aux irrigations des gens du k'çar. Aussi, dit-on à ce
propos : « Partout les gens vont à l'eau; quant aux At Ignaoun,
c'est l'eau qui vient à eux. » Cette source sort du milieu d'un rocher par une ouverture dans laquelle un nègre adulte peut introduire sa main. Les femmes viennent au-dessous laver les effets et

Marginal notes: Oudjlin. — Ouchebari. — Talat Noumiran. — Temouget'. — Source de Temouget'.

1. D'après le *Siar*, Bou Chiba serait un saint personnage de Dedji qui
périt à la bataille de Manou, en 283 de l'hégire (pages 266, 267).

2. Temouget' figure dans le *Siar*, page 248, sous le nom de Temoudjet'
نموجط.

7

la laine. Plus loin, au milieu de la montagne, est un puits où les
habitants vont puiser une eau d'excellent goût.

At Ignaoun.   En bas de Temouget' est le k'çar des At Ignaoun[1] bâti dans une
gorge. Il n'a pas d'oliviers, mais il possède une grande quantité
de palmiers. Il est entouré de tous côtés par le rocher. Ses habitants descendent à la Djefara par une grande rivière appelée Ouad
Chekchouk.   Zerga qui se jette dans la plaine en passant par Chekchouk, k'çar
des Chogran et des Bedarna, bâti près d'une source qui arrose de
nombreux palmiers et des cultures potagères. C'est une région
malsaine, dont les habitants sont débiles. C'est aux At Ignaoun,
au-dessus et près du k'çar, que se trouve le mak'am d'Abou
Obeïda[2] au-dessous duquel s'élève, à quelque distance, celui

1. Le k'çar d'At Ignaoun est fréquemment mentionné dans le *Siar* sous
le nom d'Idjnaoun (pages 179, 189, 221, 242, 243, 301, 317, 319, 337,
338, 343, 543, 544, 545, 548, 551, 555, 570). Il est dit dans le même
ouvrage (page 189) que la source d'Idjnaoun arrosait 12.000 oliviers.
Ignaoun ou Idjnaoun est le pluriel du mot *agnaou*, qui signifie « nègre »
dans le dialecte des Nefousa. Cf. R. Basset, *Les noms des métaux et des
couleurs en berbère*. Paris, 1895, in-8, p. 29-30.

2. Idjenaoun a donné naissance à un grand nombre de personnages restés
célèbres dans les annales de la secte abadhite. L'un des plus marquants est
Abou 'Obeïda Abd el-H'amid el-Djenaouni, qui fut investi par l'imâm Abd
el-Ouahhab, fils d'Abd er-Rah'mân ben Rostem, du gouvernement des
Nefousa. L'imâm Abd el-Ouahhab avait choisi comme vizir Semah', fils d'A-
bou el-Khat't'ab Abd el-Âla el-Maferi. Il lui donna plus tard le gouvernement
de Tripoli. A la mort de Semah', son fils Khelef s'empara du gouvernement
des Nefousa, malgré la défense de l'imâm, et fit scission complète, se posant
en adversaire déclaré d'Abd el-Ouahhab. L'imâm nomma gouverneur des
Nefousa, un homme célèbre par sa vigueur comme cavalier et sa valeur
comme guerrier, Abou el-H'assan Aioub ben El-Âbbas, qui mourut bientôt.
Les Nefousa qui repoussaient pour la plupart les prétentions de Khelef,
demandèrent un chef à l'imâm. Celui-ci leur ayant laissé la liberté de pro-
clamer le plus digne d'entre eux, ils portèrent leur choix sur Abou 'Obeïda,
qui après avoir résisté longtemps, finit par céder aux instances de l'imâm
et de ses compatriotes. Il eut à lutter contre Khelef qui, à la mort d'Abd el-
Ouahhab, avait refusé de reconnaître comme successeur à l'imamat son fils
Aflah'. Une bataille décisive, que gagna Abou 'Obeïda le 13 redjeb 221, amena
la dispersion des partisans de Khelef. Nous verrons plus loin que le fils
de Khelef n'abandonna pas les prétentions de son père et reprit la lutte
contre les gouverneurs des Nefousa (*Siar*, pages 179 et suivantes). Abou
'Obeïda se rendit aussi célèbre par sa sainteté que par son amour de la jus-

d'Ammi Yah'ia [1]. Les habitants de ce k'çar, où l'on compte cent maisons, se livrent tous, grands et petits, à la fabrication des meules de moulins.

De là, montez par le chemin de la Djefara, vous arriverez au k'çar de Djadou [2], situé au sommet de la montagne et en avant duquel est un ravin d'oliviers. Au-dessous du k'çar est un rocher sur lequel s'élèvent trois mosquées. L'une d'elles, appelée mosquée d'El-Khoukhet, est à la partie inférieure ; l'autre est consacrée à Ammi Beidet El-Gnaouni ; la troisième est la mosquée du k'çar où l'on compte environ cinq cents maisons. Les habitants de cette localité boivent au puits que nous avons indiqué comme donnant une eau d'excellente qualité. Les troupeaux s'abreuvent à un puits creusé au milieu de la montagne, entre At Ignaoun et Djadou. Les gens de Djadou possèdent de nombreux oliviers et une grande quantité de brebis. Djadou est le centre le plus considérable du moudiriat de Fosat'o; c'est là que réside le moudir ; la science y est de tradition et on y trouve beaucoup de livres. C'est un lieu particulièrement béni, où habite El-H'adj Âbdallah ou Yah'ia El-Barouni, chef des Âzzaba du Djebel, entouré d'une halk'a de t'olba.

En avant de Djadou est le k'çar très important de Mezzou, bâti dans le fond d'un ravin, au sommet d'un rocher. On trouve trois mosquées dans le k'çar et deux dans la banlieue, l'une appelée Ammi Nouh' et l'autre Ammi Younis. Le k'çar, comprenant

Djadou.

Mezzou.

tice. Parmi les lieux vénérés du Djebel Nefousa qui sont cités à la fin du *Siar*, figurent sept mak'ams, voués à ce personnage. Abou Zakaria a consacré un chapitre spécial à Abou 'Obeïda (voir *Chronique d'Abou Zakaria*, traduite par M. Masqueray, pages 144 et suivantes).

1. Cet Ammi Yah'ia est Abou Zakaria Yah'ia ben El-Kheir ben Abou 'l-Kheir el-Djenaouni, dont Chemmakhi donne la biographie à la page 535 du *Siar*. Ce personnage, célèbre par sa piété et sa science, a laissé un ouvrage très estimé sur le mariage qui a servi de base à l'auteur du code abadhite appelé Nil, pour la rédaction de son chapitre sur cette matière. Abou Zakaria figure dans les documents de la secte comme un des anneaux de la chaîne mystique des docteurs qui remonte jusqu'au Prophète.

2. Djadou est cité dans le *Siar* de Chemmakhi. Il est dit à la page 314 que ce k'çar était un centre de réunion des docteurs de la secte موضع اجتماع المشايخ.

cinq cents maisons, est alimenté en eau par la source de Mezzou
qui jaillit au-dessous et après avoir arrosé de nombreux palmiers
se jette dans l'Ouad Zerga. Les habitants de Mezzou sont riches
en oliviers et en bétail. Ils labourent beaucoup dans le T'ahar et
peu dans la Djefara, tandis que les autres labourent surtout dans
la Djefara et n'ont que des cultures peu importantes dans le
T'ahar. En marchant à l'ouest de Mezzou, vous descendrez dans
l'Ouad Zerga, vallée très profonde et remplie de palmiers; on y
trouve une grande mare dont les eaux arrivent en hiver jusqu'à
Chekchouk.

Djemmari.
De ce point, vous monterez à Djemmari qui se divise en deux
k'çour entre lesquels se trouve la mosquée de Nanna Maren mentionnée dans les *Siar* du Cheikh Ah'med ech-Chemmakhi[1]; elle
s'élève au sommet d'un énorme rocher; à l'ouest, s'étendent, sur
une large croupe, de vastes plantations d'oliviers. Les habitants du
k'çar ont quelques citernes et prennent leur eau potable à la mare
de Zerga, qui est très éloignée. Ce centre, où l'on compte environ
deux cent cinquante maisons, est riche en figuiers et en bétail.

At Indebas.
Au nord de Djemmari, au sommet d'un rocher, s'élève la bourgade des At Indebas[1] qui a une petite mosquée. Les habitants
de cette localité fabriquent des mevles. L'eau leur est fournie par
un puits qui est éloigné du village, au pied de la berge. A l'ouest
du k'çar, sur une vaste croupe, on voit des ruines considérables
au milieu desquelles est une mosquée. En avant des ruines, s'é-
tend le ravin d'Oumm T'eboul, couvert d'oliviers. Le k'çar d'At
Indebas comprend environ trente maisons : « Celui qui n'a pas

1. Abou 'l-Âbbas Ah'med ben Abou 'Othman Saïd ben Abd el-Ouah'id
ech-Chemmakhi est l'auteur du *Siar*, recueil des biographies des docteurs
abadhites. Il habitait le moudiriat d'Ifren et mourut en l'année 928 de l'hégire.
Son ouvrage a été autographié il y a quelques années au Caire, par les soins
de l'imprimerie dite El-Barounia, qui a publié un grand nombre de livres de
la bibliothèque abadhite. Voir pour renseignements plus détaillés sur cet
ouvrage, dont M. Masqueray a traduit quelques extraits à la fin de sa *Chronique d'Abou Zakaria,* mon travail sur *Les livres de la secte abadhite,* Alger,
1886, in-8, où l'on trouve la table détaillée du *Siar.*

2. La bourgade d'At Indebas est mentionnée dans le *Siar* (p. 242), sous
la forme de Tin Debas.

d'oliviers à Oumm T'eboul, disent les femmes berbères[1], n'a que
le néant. »

De ce point, marchez vers le nord, vous arriverez à Timez-
r'oura[2], qui se divise en deux bourgades, sur une croupe, au milieu de ruines. On y trouve la mosquée d'Abou Mançour Elias[3],
chef des Nefousa, à l'époque où les Beni Rostem étaient souve-

Timezr'oura.

1. Les chroniques abadhites fournissent d'intéressants détails sur le rôle
de certaines femmes dans les communautés berbères du Djebel Nefousa. Les
biographies de femmes qui ont brillé par la piété et l'amour de la science y
abondent ; elles renferment des traits de mœurs curieux et caractéristiques.

2. La bourgade de Timezr'oura figure dans le *Siar* de Chemmakhi sous
la forme de Mezr'oura (p. 549, 552, 554, 556, 558, 587). A la page 549, il
est dit que certains écrivent ce nom par un ب initial (بزغورة). Un pieux
personnage, Abou Mousa Âïsa ben Âïsa T'ermisi (de T'ermisa), alla se fixer
à Mezr'oura, à la fin de l'année 700 de l'hégire (*Siar*, p. 552). La mosquée
de Mezr'oura réunit à la fois, entre 700 et 750, trois savants des plus remarquables, Abou Âziz, Abou T'ahar Ismâïl et Idrasen (*Siar*, p. 556).

3. Abou Mançour Elias, originaire de Tendemira, bourg des Nefousa, fut
un des gouverneurs du Djebel Nefousa et de Tripoli, sous la dynastie des
Rostemides. Il fut nommé par l'imâm Abou 'l-Iok'zhan Moh'ammed ben
Aflah' ben Abd el-Ouahhab ben Abd er-Rah'mân ben Rostem, mort en 281.
La vocation d'Abou Mançour se décida dans les circonstances suivantes :
Étant un jour à Tidji, il rencontra le cheikh Abou Merdas Meh'açer, dont
les pieds nus étaient ensanglantés par les pierres et les broussailles. Abou
Mançour lui ayant donné ses souliers, le cheikh lui dit : « Jeune homme,
que Dieu éloigne de toi ce qui pourrait te contrarier et qu'il te donne ce qui
te réjouira ! » Abou Mançour sentit une vive émotion en entendant ces paroles et, dès ce moment, il fut pris de l'ambition des honneurs et conçut le
désir de se faire remarquer par sa science et ses œuvres. La bénédiction du
cheikh le suivit et il réussit au delà de ses espérances. Nommé gouverneur,
il eut à lutter contre le fils de Khelef ben Semah', fils de l'imam Abou 'l-
Khat't'ab, qui avait adopté les doctrines dissidentes de son père et s'était
réfugié à Zouar'a. Abou Mançour se porta sur Rimou ou Riçou pour mettre
un terme aux menées du fils de Khelef. Attaqué par les Khelefites, il les vain-
quit et en tua un grand nombre. Leur chef entra dans l'île de Djerba et s'y
fortifia. Mais ses partisans, soudoyés, le livrèrent à Abou Mançour qui le fit
mettre en prison. Chemmakhi, citant Ibn Rak'ik', raconte que le fils d'Ah'-
med ben Touloun, ayant pris dans le trésor d'Égypte cent charges d'argent,
se dirigea vers l'Occident. Ibn K'arheb, gouverneur de Tripoli, marcha contre
lui et, battu, se fortifia dans Tripoli où Ibn Touloun l'assiégea pendant qua-
rante-trois jours. Les habitants de Tripoli appelèrent à leur secours Abou
Mançour. Celui-ci arriva à la tête de 12.000 hommes, attaqua Ibn Touloun

rains de Tihert[1], et au milieu, une citerne. Les habitants de ces villages boivent l'eau de pluie qu'ils recueillent dans de nombreuses citernes ; ils ont également des puits éloignés, dans le ravin d'Ouifat. Le k'çar, au sud duquel s'étend un vaste plateau, compte cent maisons ; il est à une heure de marche des villages du sud.

Ouifat.

Nous irons ensuite à Ouifat, sis au sommet de la berge, au sud de Mezr'oura ; à l'ouest du village est un plat au couvert de nombreux oliviers : « Quand il n'y aura plus ni orge à Disir, ni huile à Ouifat, dit-on à propos de cette localité, dites que le monde est fini. » Le k'çar possède une grande mosquée ; au-dessous est l'Ouad Temezda ; au-dessus se trouvent les ruines d'Ouifat. Le nombre des maisons est d'environ cent trente.

Regreg.

En avant d'Ouifat, sur un rocher et au fond d'un ravin, s'élève la bourgade de Regreg qui a une petite mosquée. Au-dessous du village, vers l'ouest, on trouve dans un ouad un puits où les habitants de Regreg et de Temezda vont chercher leur eau potable. Ces deux bourgades, presque contiguës, ne sont séparées que par une gorge rocheuse. Regreg a environ cinquante maisons. A l'est et au sud du village s'étendent de grandes plantations d'oliviers.

Temezda.

A l'ouest de Regreg, en haut de la berge est le k'çar de Te-

---

en dehors de la ville, le défit et tua un grand nombre de ses compagnons ; mais par un scrupule qu'expliquait sa piété, il respecta l'argent et ne s'empara d'aucune des précieuses charges qui suivaient Ibn Touloun (*Siar*, p. 224 et suivantes. Voir également pour détails sur Abou Mançour, la *Chronique d'Abou Zakaria*, p. 188 et suivantes).

1. L'histoire de la dynastie des Rostemides est encore à faire. Les documents sur le royaume abadhite de Tahert (Tiharet) ne sont pas rares et on trouve à récolter dans les chroniques de la secte une ample moisson de renseignements et de détails assez curieux sur les souverains d'origine persane, devenus chefs de Berbères. La partie purement historique n'est pas traitée avec beaucoup d'ordre dans ces livres de biographies exemplaires ; l'anecdote et le trait personnel y occupent souvent trop de place. Mais en comparant et rapprochant les diverses notices consacrées, dans les livres de la secte, aux souverains de Tahert et aux personnages qui ont été leurs contemporains, on peut arriver à grouper un ensemble de faits nouveaux qui offrent un intérêt réel pour l'histoire de l'Afrique septentrionale.

mezda[1], en avant duquel est un ravin d'oliviers. Au nord et à l'ouest, s'étend une croupe sur laquelle s'élèvent deux mosquées : l'une est appelée mosquée apostolique ; l'autre est derrière le k'çar. Au milieu du village, on trouve dix maisons appartenant à un groupe d'Arabes appelés Chouiab. Les habitants de Temezda labourent beaucoup et possèdent des oliviers et des brebis en grande quantité. Le k'çar comprend deux cents maisons. En avant des habitations, dans le bois se trouvent deux mosquées ; l'une d'elles, d'antique origine, appelée la grande mosquée apostolique[2], est située au milieu des plantations et bâtie en chaux et en pierres. Ses piliers portent des inscriptions qu'aucun de nous ne peut comprendre ; les t'olba disent que ces caractères proviennent des populations païennes, antérieures à notre seigneur Moh'ammed.

1. Le nom de Temezda est cité dans le *Siar* de Chemmakhi, pages 159 et 321. L'imam Rostemide Abd el-Ouahhab, voulant faire le pèlerinage de la Mecque, partit de Tahert et s'arrêta au Djebel Nefousa. Les Abadhites de cette région, craignant pour lui les embûches des Abbasides, l'empêchèrent de continuer son voyage. « Le pèlerinage, lui disaient-ils, n'est pas obligatoire pour un homme qui porte le poids des affaires publiques et qui se doit aux intérêts des musulmans. » Abd el-Ouahhab envoya alors un homme de Temezda chez Abou Amor Rabiâ ben H'abib et Ibn Abad qui étaient en Orient les pontifes de la secte pour leur demander une consultation à ce sujet. Ils répondirent que l'imâm, en raison des dangers qu'il pouvait courir pendant son voyage, n'était pas tenu de faire le pèlerinage en personne. Abd el-Ouahhab envoya à la Mecque à sa place un Abadhite de Temezda et resta pendant sept ans au Djebel Nefousa, initiant ses coreligionnaires à toutes les questions relatives à la prière. Le *Siar* ajoute qu'il a chez les Beni Zemmour, à Miri, une mosquée encore connue. Détail curieux : l'imâm avait amené dans sa suite un certain nombre de Persans, appartenant à la famille des Rostemides. Pendant le séjour d'Abd el-Ouahhab chez les Nefousa, ils prirent pour femmes des esclaves des Beni Zemmour dont ils eurent des enfants. Lorsque l'imâm partit pour Tahert, les Persans chargèrent leurs enfants sur leurs bêtes de somme ; mais Abou 'Obeïda el-Djenaouni, s'adressant aux Beni Zemmour, leur dit en leur montrant les enfants : « Reprenez vos esclaves » ; et ils les prirent (*Siar*, page 159).

2. L'église de Temezda, appelée ici la grande mosquée des Apôtres, est citée parmi les lieux saints du Djebel Nefousa, dans le document qui fait suite au *Siar* de Chemmakhi, page 599. Je ne pense pas que les inscriptions dont parle l'auteur de la relation aient été déjà signalées. Il y a là de quoi tenter les archéologues.

L'autre mosquée, consacrée à Abou Zakaria El-Toukiti[1], est située au bord d'un ravin complanté d'oliviers et creusée sous terre; elle est à l'ouest de la précédente.

DIVISION

TERRITOIRE DES REH'IBAT

Iner.

De là, vous irez au k'çar d'Iner[2], peuplé par moitié d'Arabes et par moitié de Berbères; il est situé sur une croupe, à l'ouest de Temezda, et possède une mosquée entourée d'oliviers. On y compte cinquante familles abadhites. Les habitants tirent leur eau d'un puits qui se trouve à une grande distance au sud du k'çar, au pied de la berge, dans le milieu de la rivière.

Idjeit'al.

De ce point vous irez au k'çar d'Idjeit'al[3], patrie du cheikh Is-

---

1. Le *Siar* (pages 178, 179) consacre une assez longue notice à ce personnage dont le nom est Abou Zakaria Içalten Toukiti (de Toukit, k'çar des Nefousa). Il est contemporain de l'imâm Abd el-Ouahhab. L'anecdote suivante, rapportée par Chemmakhi, montre quelle éminente situation Abou Zakaria se fit par sa science chez les Nefousa. Un Abadhite d'Orient, étant venu visiter ses frères d'Afrique, resta quelque temps chez les Nefousa, puis se rendit à Tahert. Comme on l'interrogeait sur le Djebel Nefousa et ses habitants, il répondit : « Le Djebel, c'est Abou Zakaria et Abou Zakaria est le Djebel. » On raconte également qu'Abou 'Obeida, excipant de son insuffisance, refusait d'accepter le gouvernement du Djebel Nefousa. « Si vous vous trouvez insuffisant sous le rapport de la science, lui écrivit l'imâm Abd el-Ouahhab, ayez recours à Abou Zakaria Içalten Toukiti. » Un personnage vénéré de Tendemira, petit-fils d'un gouverneur en Nefousa, Abou Zakaria Yah'ia ben Abou Amor ben Abou Mançour Elias (voir note 3, p. 91) étant à Djadou, tomba gravement malade et demanda à être transporté dans son pays d'origine. Arrivé à Temezda, il s'enquit du lieu où il était et sur la réponse qui lui fut faite, il ordonna de poser la civière sur laquelle on le portait. Il mourut là et y fut enterré (*Siar*, page 321).

2. Le k'çar d'Iner, cité dans le *Siar* (pages 234, 340) est la patrie d'une pieuse femme, Chakira Zararia, et d'Abou Iman el-Ineri. La mosquée d'Iner est l'objet d'une mention à la page 340.

3. Le k'çar d'Idjeit'al ou de Djeit'al est cité dans le *Siar* (pages 241, 249, 306, 559, 563). Abou T'ahar Ismâil ben Mousa el-Djeit'ali figure parmi les auteurs du Djebel Nefousa mentionnés dans la lettre-catalogue d'El-Berradi que j'ai donnée dans *Les livres de la secte abadhite*. Le *Siar* fournit des renseignements complémentaires sur les œuvres de ce savant et pieux personnage. « Il est l'auteur d'ouvrages remarquables » qui ont fait revivre la

secte. Nous citerons : 1° son livre sur *Les règles fondamentales de l'Islam* قواعد الاسلام (cet ouvrage, commenté par Abou Abd Allah Moh'ammed ben 'Omar Abou Setta el-Kosbi, a été autographié au Caire par l'imprimerie El-Barounia) ; 2° *El-K'anat'er*, en plusieurs tomes (ce volumineux ouvrage a été également autographié il y a peu de temps par la même imprimerie). C'est une sorte d'encyclopédie religieuse et morale, qui à peu près seule parmi les nombreux ouvrages de la secte abadhite, a une forme quelque peu littéraire, en raison des anecdotes, proverbes et citations diverses qu'elle renferme) ; 3° *Charh' en-Nounia* شرح النونية, commentaire d'un poème en *noun* sur les principes de la religion d'Abou Naçer Fath' ben Nouh', de Tamlouchait ; 4° un ouvrage sur le compte et le partage des successions كتاب فى الحساب وقسم الفرايض. On peut comparer sur ce sujet le mémoire qu'a publié M. Sachau d'après le *Mokhtaçar* d'El-Berioui, ouvrage abadhite imprimé à Zanzibar en 1886 : *Muhammedanisches Erbrecht nach der Lehre der Ibaditischen Araber von Zanzibar und Ost-Afrika*, Berlin, 1894, in-8 ; 5° un recueil de réponses émanant des pontifes de la secte اجوبة الايمة ; 6° un recueil d'épîtres ما جمع من الرسائل ; 7° des poèmes (probablement pièces religieuses) ; 8° un livre sur le pèlerinage et les pratiques rituelles qui s'y rattachent : كتاب الحج والمناسك. La biographie d'Abou T'aher contient quelques détails intéressants. On rapporte qu'à l'époque où les gens de R'erian abjurèrent les doctrines abadhites pour entrer dans la secte des H'achaouia, le cheikh Ismâïl se rendit à Tripoli avec des esclaves qu'il désirait vendre dans cette ville. Le qadhi et l'émir, ayant appris qu'il avait tenu quelques propos assez violents, finirent par le mettre en prison. Il resta incarcéré quelque temps et, pendant sa détention, composa un poème à la louange d'Ibn Mekki, gouverneur de Gabès, sous l'autorité duquel se trouvait l'île de Djerba. Ce dernier intercéda auprès de l'émir de Tripoli qui rendit la liberté au prisonnier. En quittant la ville, il la maudit en ces termes : « Que Dieu suscite contre toi un ennemi qui n'ait ni la crainte de Dieu ni la crainte du péché. » Or, peu de temps après, les chrétiens s'emparèrent de Tripoli. Il écrivit ensuite à Ibn Mekki une lettre dans laquelle il lui déclarait qu'il ne méritait nullement les louanges contenues dans sa pièce. « Il ne voulait pas, dit Chemmakhi, laisser un mensonge dans ses vers, n'étant pas de ceux *qui errent dans toutes les vallées*. » Le cheikh Ismâïl fit un voyage à Djerba à l'époque où l'on ne pénétrait dans l'île qu'à l'aide d'esquifs, c'est-à-dire avant la construction du pont qui fut bâti seulement sous le règne d'Abd el-Aziz Abou Fares, sultan de l'Ifrik'ia, mort en 737. Ismâïl et ses compagnons restèrent sur la côte pour attendre un bateau et furent en proie à la disette la plus affreuse. Enfin, une embarcation étant arrivée, ils purent aborder à Djerba, du côté des Mistaoua. Un des compagnons du cheikh s'étant adressé aux habitants de Tin Ouserer'in pour obtenir à manger, un homme riche de ce village, qui possédait, dit-on, quarante esclaves, répondit par des moqueries. Mais un pauvre fidèle de la même localité leur prépara sans bruit à manger. Le cheikh Ismâïl invoqua Dieu. Avant la fin du

mâïl ou Mousa, auteur d'ouvrages importants sur la secte abadhite. Né dans le Djebel, il mourut à Djerba et fut enterré dans
la grande mosquée de cette île. Au milieu de ruines qui sont près
du k'çar, dans la direction de l'est, se trouve la mosquée appelée
Idjeit'al ; à l'est est un ravin. Le k'çar d'Idjeit'al est situé au milieu des plantations ; ses habitants boivent les eaux de pluie re-
cueillies dans leurs nombreuses citernes. Il se divise en deux parties ; celle de l'est est peuplée par moitié d'Abadhites et par moitié
d'Arabes ; dans le k'çar de l'ouest, sis à la crête de la montagne
et entouré de tous côtés par des ravins d'oliviers, il n'y a que des
Arabes. Le k'çar, qui a un puits très éloigné, compte cent cinquante maisons. En avant d'Idjeit'al, à une demi-heure de marche,
on trouve les ruines dites de Reh'ibat et de Mesin, au milieu des
plantations ; elles sont habitées par des malékites et par dix familles berbères ; on y voit une mosquée importante appelée mosquée de Masin [1]. Les gens qui habitent ces ruines, où l'on compte
deux cents maisons, possèdent de nombreux oliviers.

El H'amran.   En allant de ce point vers l'ouest, on trouve le k'çar d'El-H'amran. En avant du village, sur un pic rocheux, s'élève la mosquée
d'Imersaoun [2]. El-H'amran, dont une moitié de la population est
arabe et l'autre moitié berbère, est construit au haut d'un rocher.
L'eau est fournie aux habitants par des citernes ou par un puits

repas, le riche était mort. Quant à l'homme charitable, il éprouva sans re-
tard les effets de la bénédiction du cheikh ; ses affaires prospérèrent et
lorsqu'il mourut, il était propriétaire de quarante esclaves. Les Mistaoua
demandèrent au cheikh Ismaïl de séjourner chez eux ; il refusa parce qu'ils
étaient des dissidents de la secte et alla s'installer chez les Ouahbites et
chez les enfants d'Abou Zakaria ben Abou Mesouer qui avaient contribué à
sa mise en liberté. C'est chez eux qu'il mourut à la grande mosquée. Il habita Forsat'a, dans le Djebel Nefousa, pendant neuf années et s'attacha à
diriger les habitants de ce pays dans la bonne voie. Il mourut à Djerba en
l'an 750 (Siar, p. 556 et suivantes).

1. Le nom de Masin se trouve dans le Siar, pages 234, 235, 543, 547, 550,
554, 564, 574. Il est écrit مسين. D'après un document qui porte comme
titre نسبة دين المسلمين et qui est à la fin du Siar, à Mesin se trouve
le tombeau d'un saint personnage, Abou Yousef Yâk'oub ben Ah'med el-
Ifreni.

2. Imersaoun figure dans le Siar aux pages 240, 241, 252, 554
(امرساون).

creusé au bas de la berge, dans la direction du nord, au milieu d'une vallée profonde remplie de palmiers. Le village comprend environ cent maisons ; les. oliviers, éloignés du k'çar, sont à l'est et au sud.

A l'ouest d'El-H'amran, sont deux bourgades voisines l'une de l'autre ; celle du sud, appelée At Imit'iouin, possède une petite mosquée, construite par Ammi Ah'med ou El-H'adj El-Barouni, un des savants du Djebel ; elle est au milieu du village, à la crête d'un rocher sur lequel s'étalent les maisons des habitants. La bourgade, habitée par des Berbères, comprend environ trente maisons. At Imit'iouin.

La bourgade du nord, appelée At Bou Djedid, peuplée de Berbères, est située sur un rocher ; au-dessous des habitations, dans la direction de l'ouest, est une vallée très profonde, plantée de palmiers, avec une source où les gens vont prendre leur eau. Le village compte environ quarante maisons. At Bou Djedid.

De là, nous irons à la bourgade d'El-K'et'ouâ, située à l'ouest d'El-H'amran et séparée de cette localité par une petite gorge. El-K'et'ouâ se trouve au sommet d'une montagne, entourée d'oliviers. Ce village est habité par des malékites ; on y compte dix maisons, dont deux appartiennent à des familles berbères. Les habitants de ce village et des localités précédentes tirent leur eau potable d'une même source. Suivez le chemin dans la direction de l'ouest, vous arriverez au mechhed des cheikhs qui furent tués pendant qu'ils étaient en prières. Il est situé au milieu d'une vallée, sur la berge, auprès d'une mosquée. On voit encore là une roche dure sur laquelle sont restées des traces de sang. Mouillez votre vêtement avec un peu de salive et frottez-en la pierre, vous y trouverez du sang[1]. Demandez et l'on vous conduira à cet endroit qui est à une demi-heure de marche d'El-K'et'ouâ. El-K'et'ouâ.

Descendez de là par la rivière, en allant vers le nord, vous arri-

---

1. A la page 543 du *Siar*, Chemmakhi parle de cette « roche des martyrs » qui se trouverait près de Mesin. Les docteurs de la secte déclaraient que le sang resté sur les vêtements quand on frottait la pierre, ne constituait pas une souillure. Ces martyrs étaient au nombre de trois. Deux appartenaient à la religion d'Aïsa et furent tués soixante ans avant la mission de Moh'ammed. Le troisième était du Djebel Demmer et se livrait à la dévotion dans cet endroit quand il fut tué injustement.

verez à Ounziref [1], village situé sur le bord de la berge, vers l'ouest, et habité par des Berbères et des Arabes. On y trouve une mosquée abadhite. Au sud du village, sur une vaste croupe, s'étendent de grandes plantations d'oliviers. Ounziref, situé en face des At Bou Djedid et séparé de cette localité par une gorge, comprend cent maisons.

De ce point, allez vers l'ouest, vous arriverez au k'çar d'El-Guenafid, habité par des malékites et situé au milieu d'une gorge, entourée d'un bois d'oliviers. Les habitants de ce centre ont des citernes et un puits au-dessous du k'çar ; ils ont aussi de nombreux figuiers. Le village, où l'on compte environ cent maisons, est à trois heures de marche d'Ounziref.

Au-dessous d'El-Guenafid, vers le nord, dans une vaste gorge, on trouve la petite bourgade de Chouiab, qui comprend quinze maisons. Elle est située au milieu de la berge. Au dessus, vers l'ouest, s'étend une large croupe sur laquelle existent les vestiges d'une ancienne bourgade, au sud des importantes ruines de Selamat.

Au dessous d'une grande mosquée, on voit un moulin à huile qui appartenait aux habitants de ces ruines et qui avait sept pressoirs. On raconte, au sujet de ce moulin, l'anecdote suivante :

Il y avait à Cherous un cultivateur qui récoltait beaucoup de blé ; après le dépiquage, il mettait son grain en tas et le laissait sur place tout l'été pour faire parade de sa fortune, s'imaginant que personne ne l'égalait. Les habitants des ruines de Selamat qui étaient à une demi-journée de marche pouvaient de chez eux voir le grain entassé. Une fois, l'homme au blé vint chez le propriétaire du grand moulin et y passa la nuit. Celui-ci dit à ses nègres : « Vous allez atteler les chameaux tous ensemble ; vous remplirez à la fois tous les paniers et ferez descendre d'un seul coup les sept pressoirs. » Au petit jour, les nègres firent ainsi, pendant que l'hôte dormait. Quand tous les pressoirs du moulin furent à la fois en mouvement, l'huile descendit avec force, en un seul ruis-

1. Ounziref a dans le *Siar* la forme de Ti Ounziref et de Tin Ounziref (p. 218 et 237). C'est la patrie d'Abou Moh'ammed Abd Allah ben el-Kheir, un des rares savants du Djebel qui survécurent au désastre de Manou (283 de l'hégire). D'après les chroniques, il ne resta que lui et Abou el-K'asem el-Bor't'ouri.

seau et remplit la cuve en grondant comme une rivière. « Quelle est donc la rivière qui coule ainsi? dit l'homme au maître du moulin. — Dors, répondit celui-ci, ce n'est rien. Ce sont seulement les nègres qui ont fait marcher les pressoirs. » Notre homme se leva alors et, revenu chez lui, il dit aux siens : « Ce que nous possédons, nous, n'est rien. » A partir de ce jour, il ne laissa plus son blé dehors. Telle est l'anecdote des anciens.

Revenons maintenant aux ruines de Selamat, très considérables. Les terres de cette région, propres à la culture, sont entourées d'oliviers. Au nord des ruines, on trouve le k'çar de Selamat dont les habitants sont Arabes; il est séparé par une petite gorge d'une bourgade qui lui fait face. Le k'çar est situé sur la berge au pied de laquelle est une source avec quelques palmiers où les habitants prennent leur eau. Les Selamat possèdent beaucoup de figuiers et peu d'oliviers; entre ce k'çar et El-Guenafid, il y a une heure de marche.

Selamat.

A l'ouest de Selamat, au milieu d'une croupe, s'élève le k'çar de Guetros, peuplé par moitié de Berbères et par moitié d'Arabes appelés El-Fiacela qui sont à la tête d'un ravin. Le k'çar a une mosquée; il est alimenté en eau par un puits qui se trouve en avant du village. A quelque distance du k'çar où l'on compte environ cent maisons se trouvent quelques habitations isolées. Au dessous de la croupe, passe une très grosse rivière appelée Berresof[1], où l'on trouve en aval deux sources connues sous le nom d'El-Djiouch, avec de nombreux palmiers. Dans cette vallée, sont également deux bourgades, une grande et une petite, dont les habitants sont malades de la fièvre.

Guetros.

A la tête de la rivière, dans une crevasse rocheuse, s'élève la mosquée de Nanna Tala. Une grande mare, pleine d'une eau excellente, où boivent les gens et les bestiaux, s'étend au pied du rocher et pénètre dessous. Au sud-ouest de la mosquée, on trouve, en plein rocher, les traces laissées par les chèvres de Nanna Tala. Les empreintes de leurs pieds, marquées dans le roc

Mosquée de Nanna Tala.

1. J'ai conservé l'orthographe du manuscrit berbère; mais ce nom doit être écrit Berreçof, وادى أبى الرصف. Le mot رصف signifie une pierre plate ou une rangée de rochers plats dans un cours d'eau. ماء الرصف est « l'eau coulant dans les rochers ».

qui s'étend de tous côtés, sont restées visibles jusqu'à ce jour[1].
La mosquée dont il est question est à trois heures de marche au
sud de Guetros.

Dans le fond de la vallée de Berresof on voit de grandes ruines
Cherous.   appelées Cherous[2], où se trouve la mosquée d'Abou Mârouf[3],
homme de grande bénédiction.

Là finit le moudiriat de Fosat'o.

---

1. Le *Siar* (p. 544) parle des traces de moutons marquées dans une roche
à Tala. On peut les voir sur la pierre dure descendant de la montagne et
suivant le chemin. Elles sont aussi nettes que si les animaux avaient marché
dans l'argile. On les distingue d'une façon si parfaite qu'on peut reconnaître
les pieds des animaux de grande, moyenne et petite taille. On cite comme
prodiges du même genre : les traces laissées par Abou 'Othman sur la roche,
dans son oratoire de Dedji; les trois empreintes d'Abou Merdas marquées
sur la pierre de son oratoire; les traces d'une chamelle, d'une ânesse et
d'un chien à Achefi; sur la pierre de Djadou, les traces que les étudiants
et les t'olba disent être celles que laissa Abou Leith quand il monta d'Idjenaoun à Djadou; le sang qu'on voit sur le sable à Kakla et qu'on appelle
sang des martyrs. Peut-être, dit Chemmakhi, est-ce le sang des compagnons d'Abou H'atem (il s'agit là d'Abou H'atem qui livra bataille à Mer'-
medas à Yezid ben H'atem, et y fut tué avec un grand nombre de Berbères
[155 de l'hégire]).

2. Cherous est cité dans le *Siar* (p. 226, 265, 266, 273, 292, 295, 298,
310, 319, 320, 326, 327, 329, 343, 563). Ce k'çar a eu, à son époque, une
grande importance. Il est question dans le *Siar* d'une lutte entre les habitants de Tendemira et ceux de Cherous (p. 326) et d'une guerre entre
les gens de ce k'çar et ceux d'Ouir'ou (p. 273). La phrase suivante d'Ah'-
med Chemmakhi prouve quelle place ce centre tenait chez les Nefousa :

.شروس ام قرى نفوسة وجادو مدينتهم

Cherous est la patrie de deux pieux et savants personnages appelés les
deux Mat'os, Mat'os ben Haroun et Mat'os ben Mat'os. Lorsque le cheikh
Yah'ia ben Abou 'l-K'asem, de Forsat'a, vint trouver Ibn Mat'os à Cherous,
pour étudier sous sa direction, il ne put trouver à se loger dans ce k'çar,
malgré son étendue.

3. Il s'agit sans doute d'Abou Mârouf Ouiar ben Djouad (*Siar*, 263), originaire d'Ouir'ou, célèbre par ses réponses et ses décisions en matières religieuses et en droit.

MOUDIRIAT DE LALOUT

DIVISION

TERRITOIRE D'EL H'ARABA

Nous commencerons maintenant à l'est par le territoire d'El-H'araba et la gorge. Là se trouve, sur la croupe d'une montagne, un k'çar entouré d'oliviers; cette montagne, très haute, se dresse isolée au milieu de la gorge et s'appelle Ir'f n Zàrara[1]. Le petit k'çar compte environ vingt maisons. La montagne est entourée de nombreux figuiers et d'un petit nombre de palmiers. Les habitants de ce k'çar sont malékites. On dit que, dans cette montagne, il y a sous le sol une mine d'argent.

Ir'f n Zàrara.

A l'ouest du k'çar, est une petite bourgade, appelée Deggi[2], située au pied de la montagne et dans la gorge, qui est voisine de ruines qui se trouvent là. Ce village, habité par des malékites, se compose de dix maisons. Au-dessus de la gorge, au sommet de la montagne et au milieu d'une croupe, sont de très grandes ruines avec une mosquée et un moulin à olives qui fonctionne jusqu'à présent. En avant des ruines est une rivière profonde et abondante en eau, pleine de palmiers et d'oliviers; elle est au-dessous du k'çar de Djerijen, vers le nord.

Deggi.

Au-dessus, dans la direction du sud, se trouve Djeridjen, k'çar abadhite, qui s'élève sur le dos d'une montagne. En avant du

Djerijen.

1. Ir'f n Zàrara, la pointe ou la tête de Zârara. Ce k'çar est mentionné dans le *Siar*, page 200.

2. La bourgade de Deggi figure dans le *Siar* sous la forme de Dedji (p. 200, 205, 267). C'est la patrie d'un pieux et riche cheikh, Abou 'Othman El-Mazati. Les chroniques religieuses racontent qu'Abou 'Othman étant allé puiser de l'eau ne trouva personne à la fontaine pour tenir la bouche de son outre pendant qu'il l'attacherait. Il se retourna et vit un chacal : « Tiens l'outre, ô fléau des brebis, dit-il à l'animal; je ne trouve personne que toi. — Les brebis sont notre subsistance, répondit le chacal, nous n'avons pas comme toi des magasins pleins d'orge d'un an. » Abou Othman, frappé de ce prodige, distribua sur-le-champ aux pauvres sa provision d'orge. Ce dialogue du cheikh et du chacal est rapporté en vieux berbère dans un manuscrit dont j'ai la copie et que je crois être le *Siar Nefousa*.

k'çar est un ravin, à l'ouest des oliviers. Les habitants de ce village qui compte environ cent maisons émigrent beaucoup à Djerba où ils s'emploient à tirer de l'eau, moyennant salaire.

Beggala. Tout à fait au sud de Djeridjen, est un k'çar appelé Beggala[1], dont une moitié de la population est berbère et l'autre arabe. Les gens de ce village ont de nombreux puits d'où ils tirent l'eau pour cultiver les légumes; ils possèdent des oliviers et du bétail. Le k'çar, où l'on compte environ cent dix maisons, a une mosquée; il est situé au milieu des plantations, à la tête d'un ravin.

Beguiguila. A l'ouest de ce village, se trouve le k'çar de Beguiguila, qui est au milieu des plantations; ses habitants sont malékites; quelques-uns d'entre eux sont berbères; il a une mosquée.

Tinzer't. Au nord de Djeridjen est le k'çar appelé Tinzer't[2] situé au sommet de la berge et ayant un ravin à l'est. Sa population est composée pour une moitié de Berbères et pour une moitié d'Arabes. On y voit une mosquée ainsi que la maison du moudir dans laquelle il réside lorsqu'il vient aux H'araba. Le k'çar, au sud duquel sont les oliviers, compte soixante maisons; il est éloigné de Djeridjen.

Oumm Çoffar. A l'ouest de Tinzer't, au milieu de la montagne, est une bourgade appelée Oumm Çoffar, dont la population est à moitié berbère, et à moitié arabe. On y compte dix maisons.

Mergues. Marchez à l'ouest, vous arriverez au k'çar de Mergues[3], peuplé de malékites et situé au milieu d'une vallée. A l'ouest du village, s'élève comme un ilot un rocher taillé à pic de tous côtés qu'on appelle Azezira[4], l'on y accède par un seul passage très difficile. Au sommet de ce rocher, on voit l'emplacement des tentes

---

1. Dans le document relatif aux lieux saints du Djebe' Nefousa qui fait suite au *Siar*, page 599, on cite comme endroit à visiter « la roche de l'Ouad Beggala ».

2. Le k'çar de Tinzer't est cité dans le *Siar*, page 267. A la bataille de Manou (283 de l'hégire) périt un certain Djana, de Tinzer't, célèbre par sa science et sa piété.

3. Le nom de Mergues figure dans le *Siar* sous la forme de Merdjés (page 213).

4. Azezira est une corruption d'El-Djezira, l'île. L'église d'El-Djezira est mentionnée parmi les lieux saints du Djebel Nefousa (*Siar*, p. 599).

des anciens habitants qui allaient se mettre à l'abri en cet endroit, fuyant devant l'ennemi. Il y avait au milieu du rocher une citerne qui existe encore. Au-dessous de cet îlot, est une très grande rivière ainsi qu'une très vaste gorge.

A l'ouest de ce point, en haut de la berge, s'élève le k'çar de Tendemira[1], ayant à l'ouest une large croupe remplie d'oliviers· Les habitants de ce k'çar possèdent beaucoup de palmiers; ils boivent à un puits qui est en avant du village, au milieu d'un ravin. Ils sont berbères. On y trouve une mosquée, creusée sous terre, qui touche au k'çar du côté du nord. Le nombre des maisons est d'environ cent. Dans le voisinage, du côté de l'ouest, se trouvent des ruines où l'on voit une petite mosquée et une autre la mosquée, celle d'Abou Naçer[2], auteur de nombreuses pièces en vers, parmi lesquelles la *Nounia*, sur notre secte. A l'ouest des grandes ruines, sont des ruines moins importantes, avec un k'çar des anciens habitants; au milieu s'élève une bourgade dont les habitants sont ceux des ruines qui avaient émigré et qui maintenant sont revenus en cet endroit et y demeurent. Cette bourgade, où l'on compte environ trente maisons, est au milieu de la montagne ; devant elle est un bois d'oliviers et derrière une énorme crevasse qui descend dans la direction de l'ouest. Le nord de cette gorge est rempli d'oliviers et de figuiers. Sous le village, à l'ouest, est un puits d'où les habitants tirent leur eau ; au-dessous de ce puits est une très grande rivière qui sépare le village de celui de

Tendemira.

1. Tendemira, k'çar cité dans le *Siar* (p. 210, 224, 253, 266, 305, 545), est la patrie d'Abou Mançour Elias, gouverneur des Nefousa, sous les Rostemides.

2. Abou Naçer Fath' ben Nouh', de Tamelouchaït, k'çar des Nefousa, eut pour maître son oncle maternel, Abou Yah'ia Zakaria ben Brahim ben Zakaria ben Abou Haroun El-Barouni, célèbre dans les annales de la secte abadhite par sa science et sa sainteté. Abou Naçer étudia à fond la langue arabe et composa plusieurs ouvrages en vers : La *Nounia*, poème en *noun*, sur les principes de la religion, qui a eu pour commentateur le cheikh Abou T'ahar Ismaïl ben Mousa El-Djeit'aïl. La *Raïia*, poème en *ra*, sur la prière, qui n'a pas été commenté ; un autre poème en *noun* destiné à réfuter les arguments des partisans de la création du *K'oran*; d'autres pièces contenant des conseils et exhortations. Abou Naçer vivait à la fin du vi[e] siècle de l'hégire.

Ti n T'amzin, avec de nombreux palmiers ; ils fournissent la datte
dite *tagnanait*, qui n'a pas sa pareille dans le Djebel. Il y a aussi
dans cette vallée une petite quantité de figuiers.

Au-dessus de cette rivière, vers l'ouest, et au haut de la berge,
s'élève un grand k'çar appelé Ti n T'amzin [1] qui a un vaste bois
d'oliviers et une mosquée située au sommet d'une montagne, en
avant et au sud des habitations. Les gens de cette localité sont ali-
mentés en eau par de nombreuses citernes ; lorsqu'elles sont épuisées, [1]ls boivent à un puits, qui se trouve dans une gorge, au nord
du k'çar, dans une grande rivière qui passe au-dessous du village
et descend vers la Djefara pour se déverser à Tidji [2], village ruiné
des anciens Nefousa ; il ne reste aujourd'hui en ce point que de
nombreux puits, donnant une eau abondante et proche de la surface du sol. Ces puits sont connus de tous, Berbères et Arabes ; ces
derniers viennent camper en ce point pendant l'été. Au-dessus de
cet endroit, à une grande hauteur, s'étend, au sommet d'un rocher,
une vaste croupe complantée d'oliviers, où se trouvent les ruines
importantes de Forsat'a avec la mosquée de Forsat'a au milieu.
En avant de cette croupe, vers le sud, est le k'çar de Forsat'a [3],
situé au milieu de la montagne et où l'on voit la mosquée d'Ammi Ya-
h'ia Forsat'ai [4]. Entre ce k'çar et Ti n T'amzin est une grande rivière avec de nombreux palmiers, dans laquelle se jette un ravin
qui remonte vers l'ouest. Dans le ravin, se trouve une source où

(marginal notes: Ti n T'amzin. / Forsat'a.)

1. Le k'çar de Ti n T'amzin (celle de l'orge, le lieu abondant en orge) est
cité dans l'énumération des lieux saints du Djebel Nefousa avec l'orthographe
Tin Tamzin تنتمزين (p. 599). L'Ouadi Tamzin est également mentionné
avec la même orthographe, à la page 598.

2. Pour Tidji ou Tiji, cf. *Siar*, pages 214, 224, 310.

3. Le k'çar de Forsat'a est mentionné dans le *Siar* (p. 163, 316, 558). Le
cheikh Abou T'aher Ismàïl ben Mousa El-Djeit'ali, l'auteur du *K'aoudid el-
Islam*, habita Forsat'a pendant neuf ans. L'église de Forsat'a est un des lieux
vénérés que l'on visite au Djebel Nefousa (voir note 45).

4. Les Yah'ia sont fort nombreux parmi les Nefousa cités dans le *Siar*. Il
s'agit peut-être de l'Abou Yah'ia, cité dans la note de la page, qui fut le professeur d'Abou Naçer Fath' ben Nouh'. Les personnages originaires de Forsat'a qui ont une notoriété chez les Abadhites figurent dans le *Siar* en assez
grand nombre, Ikhlef el-Forsat'ai, Iousef ben Abd el-Âla, Abou Iounès
Abedin, Bekr ben Abou Bekr, Abou H'asan Kheiran ben Mellal, etc.

s'abreuvent les habitants de Forsat'a qui ont aussi un puits, en avant de leur k'çar. La population de ce village est berbère abadhite ; les habitants de Forsat'a ont un k'çar dans lequel ils mettent le blé, l'orge, le beurre fondu, la laine et ce qu'ils possèdent, sous la surveillance d'un gardien.

De là, marchez à l'ouest, vous arriverez à Kabaou [1], k'çar abadhite, le plus grand de tous les k'çour des H'araba. Ses habitants sont des t'olba qui étudient beaucoup ; c'est parmi eux que l'on choisit le k'adhi du moudiriat. Le k'çar, où l'on compte cinq cents maisons, est situé au sommet de la montagne et entouré de ravins d'oliviers et de figuiers. En avant du village est une mosquée appelée K'achk'acha, creusée sous terre, au milieu de laquelle existe une citerne. Au-dessous du k'çar, à l'ouest, on trouve une gorge dans laquelle a été construit un grand barrage pour retenir les eaux de pluie ; tout près, dans la direction de l'ouest, s'élève la mosquée nouvelle d'Ammi Saïd n Aioub [2], au-dessus de laquelle est le cimetière. Les parties creuses de la montagne voisine du k'çar sont remplies de figuiers ; il n'est dans le Djebel personne qui possède autant de figuiers que les gens de Kabaou ; ils sont très riches et ont également beaucoup de brebis et des oliviers en quantité. A l'ouest du k'çar, passe une grande rivière appelée Ousef n Cheikh, à la tête de laquelle s'étend vers l'ouest un vaste plateau. Les Nefousa appellent les gens de Kabaou « les borgnes » ; il y a parmi eux un grand nombre de personnes qui n'ont qu'un œil. Les hommes y sont plus nombreux que les femmes ; ils arrivent à la vieillesse sans être mariés.

Kabaou.

DIVISION

TERRITOIRE D'EL-H'AOUAMED

Nous commençons maintenant par des ruines qui n'étaient d'abord pas habitées et qui, aujourd'hui, sont pleines d'Arabes ma-

1. Chemmakhi cite dans le *Siar* un certain Abou Moh'ammed Isliten el-Kabaoui (de Kabaou).

2. Cet Ammi Saïd est peut-être un fils d'Abou el-H'asan Aioub ben El-Abbas nommé par l'imâm Abd el-Ouahhab, gouverneur du Nefousa.

lékites. Ces ruines sont au milieu des plantations et entourées d'oliviers et de figuiers. Les gens qui y habitent tirent leur eau d'un puits situé à l'ouest, dans un ravin éloigné des ruines, où ils ont également des citernes.

Tirekt.

A l'ouest de ce point, est le petit k'çar malékite de Tirekt [1], situé au sommet d'une montagne et dominant un ravin.

El-Kherbet.

A l'ouest de Tirekt est le k'çar malékite d'El-Kherbet, dans lequel il y a deux familles de Berbères abadhites. Il est situé au sommet d'un rocher; au sud, se trouve une gorge dans laquelle est une source où les habitants prennent leur eau. Les plantations du k'çar sont au nord, sur une croupe; ce sont des oliviers et des figuiers; les habitants de ce village n'ont pas de palmiers.

El Medjabra.

Au nord d'El-Kherbet, se trouve El-Medjabra, village situé en haut de la berge; ses habitants sont malékites.

At Mah'moud. Ouir'ou.

De ce point, allez à l'ouest, vous arriverez au k'çar des At Mah'-moud, que les anciens appelaient Ouir'ou [2]. Peuplé par moitié de Berbères et par moitié d'Arabes, ce village est situé au sommet d'une montagne et entouré de ravins de tous côtés. Les habitants ont un puits vers l'est, dans un ravin d'oliviers, et une source, au-dessous du k'çar, vers l'ouest. Il y a une grande mosquée dans cette localité où l'on compte environ cent cinquante maisons. De ce village, descendez au pied du rocher par la gorge, vous arriverez à une rivière qui est entre Ouir'ou et Lalout; la vallée, très large et très longue, est pleine de palmiers et de figuiers.

En montant de là vers l'ouest, vous arriverez au grand k'çar de

1. Le k'çar de Tirekt est mentionné dans le *Siar*, page 243. Chemmakhi rapporte que le k'adhi Abou Yah'ia Zakaria el-Irdjani (d'Irdjan) battit près de Tirekt les Ketama du chîite Abou Obéïd Allah. Il mourut des suites d'une blessure reçue dans cette affaire. Il s'agit ou du Daï Abou Abdallah ou du Mahdi Obeïd Allah.

2. Le nom d'Ouir'ou figure dans le *Siar* aux pages 213, 235, 239, 264, 326, 330, 545. Il est fait mention, à la page 326, d'une guerre qui eut lieu entre les gens de Charous et ceux d'Ouir'ou. Parmi les personnages originaires de ce k'çar dont Chemmakhi donne la biographie, on peut citer : Mahdi el-Ouir'oui (*Siar*, p. 170), Feredj el-Ouir'oui (*ib.*, p. 179), Abou Yousef H'adjaj el-Ouir'oui (*ib.*, p. 218), Abou Mârouf Ouiar ben Djouad (*ib.*, p. 263), Abou Obeïda l'aîné et Abou Obeïda le jeune, tous deux chefs d'Ouir'ou. Parmi les lieux saints du Djebel, on mentionne la mosquée d'Adjelmam, à Ouir'ou.

Lalout [1], situé au sommet occidental d'un rocher. Au-dessous du k'çar, en bas du rocher, on trouve, vers l'est, de nombreuses sources, un puits où l'on abreuve les brebis, d'autres puits qui arrosent des cultures potagères et un puits, appelé Tar'lis, où les habitants du village vont puiser leur eau potable. Ils ont aussi, en avant du k'çar, au milieu d'une gorge, un puits où boivent les Turks. Cette gorge est en avant du k'çar. Au sud des habitations, est le k'çar des Turks, avec une boutique de commerce, un moulin à grains et un four pour le pain. C'est là qu'habitent le moudir et les Turks et que sont placés, au sommet de la montagne, de gros canons. A l'ouest du k'çar, est une vaste croupe avec des plantations d'oliviers qui s'étendent à une demi-journée de marche, vers l'occident et le sud. Les habitants de Lalout ont également des puits appelés El-H'asian où l'on cultive des légumes, des oignons, de l'ail, du piment et des palmiers. Le k'çar compte environ seize cents maisons de Berbères abadhites. Il est à une demi-journée de marche du groupe d'El-H'aouamed. Au milieu de ce k'çar, il existe un autre petit k'çar, contenant trois mille magasins, où les habitants enferment leurs effets. Chaque après-midi, les propriétaires des magasins y viennent avec leurs clés; ils entrent, ouvrent les magasins et emportent les provisions pour la maison et le souper des bêtes de somme. Ils mettent à ce moment même les objets à vendre entre les mains du dellal. Au-dessous de ce petit k'çar, vers le nord, est la mosquée supérieure, dite grande mosquée, où les habitants du haut quartier vont prier. Au-dessous est la rue dite des Âzzaba et, en avant, la mosquée Neuve. Certains habitants de Lalout sont groupés autour de la mosquée de Sidi Khelifa. Il y existe quelques maisons creusées sous le sol et quelques maisons bâties, dont les habitants sont grands chasseurs de gazelles et lièvres et apportent beaucoup de viande. Dans le Djebel Nefousa, il n'y a pas de k'çar aussi grand que celui de Lalout.

1. Le k'çar de Lalout figure sur certaines cartes sous le nom de Nalout. Les chroniques abadhites citent souvent le nom et toujours avec l'orthographe كالت ou لالوت, Lalout (voir *Siar*, p. 197, 239, 296, 298, 303, 313, 399, 535, 545).

Ouazzen.

De là, vous irez, en marchant vers l'ouest à Ouazzen [1], qui est à une journée de marche de Lalout. Ce village est situé au haut de la berge et a une grande mosquée; ses habitants sont Berbères. Au-dessous du village, à l'ouest, passe une grande rivière. Ils ont dans cette vallée de nombreux figuiers. Le nombre des maisons du k'çar est d'environ deux cent cinquante. L'eau est fournie par des puits qui sont dans une gorge; les plantations sont au sud. Ce k'çar est le dernier du Djebel Nefousa à l'ouest.

DIVISION

DES FONCTIONNAIRES DU DJEBEL ET DE LEUR PROVENANCE

Ceux d'Ifren, le pacha, le k'adhi et le meh'asebdji viennent de Constantinople; le kateb et le trésorier (çendouk' amin) ainsi que les membres (de la djemâa) sont d'Ifren.

A Fosat'o, le moudir vient de Tripoli, le kateb (secrétaire) d'Ifren. Les membres de la djemâa sont des gens de Fosat'o. Le qadhi turk vient de Tripoli; les muftis et les âdoul sont de Fosat'o.

A Lalout, le moudir et le k'adhi viennent de Tripoli, le kateb vient d'Ifren et les membres de la djemâa sont de Lalout.

DIVISION

DE LA MANIÈRE DONT EST PAYÉ L'IMPÔT CHEZ LES HABITANTS DU DJEBEL

On impose à l'un des k'çour cinq cents mahboubs. Les habitants du k'çar viennent alors et font le compte suivant :

Les hommes et les chameaux comptent chacun pour une tête;

---

1. Ouazzen est écrit وزان dans le Siar, p. 258. Près d'Ouazzen se trouve, d'après Chemmakhi, l'oratoire d'Oumm Zaïd. Cette pieuse femme fut transportée mystérieusement pendant une nuit dans un endroit où elle entendit une voix qui disait : « Deux rekâas ici valent deux rekâas à la Mekke. » Oumm Zaïd fit une marque aux buissons qui se trouvaient à côté d'elle, afin de reconnaître ce point. On la ramena tout aussi miraculeusement dans son lit. Le lendemain, elle se mit à faire des recherches et ayant retrouvé l'endroit où elle avait été transportée, elle y contruisit l'oratoire connu.

Deux bœufs valent une tête ;

Dix brebis valent une tête ;

Vingt chèvres valent une tête ;

Vingt oliviers valent une tête ;

Trente palmiers valent une tête ;

Deux cents figuiers valent une tête.

On additionne alors les têtes et on divise ensuite les cinq cents mahboubs imposés par leur total. On obtient ainsi le nombre de guerch (piastres) que chaque tête doit payer ; celui qui possède beaucoup paie beaucoup et celui qui a peu verse peu. On remet les sommes au chef du village et celui-ci les verse au trésorier-percepteur.

DIVISION

DE LA MANIÈRE DE BATIR DES HABITANTS DU DJEBEL

Ils bâtissent avec du plâtre et des pierres. Quant aux toits, les uns sont faits avec des chevrons d'oliviers et des quartiers sciés de palmiers, d'autres sont bâtis en voûte avec du plâtre. En bas, on met les chambres voûtées, les grandes pièces et les petites chambres obscures ; en haut, sont les magasins et les grandes pièces. Telle est la manière de faire des Berbères d'Ifren. Quant aux habitants de R'ouzia, de Taroumit, des Khelaïfia, Riaina et Zentan, la moitié de leurs habitations est creusée sous le sol. Les Rodjeban, les gens de Fosat'o et les autres habitants, jusqu'à Ouazzen, bâtissent avec du plâtre et de la pierre.

DIVISION

DU MODE DE SUBSISTANCE DES HABITANTS DU DJEBEL-NEFOUSA

Ils tirent leur subsistance de l'agriculture. Ils labourent dans la Demna [1], dans les cirques, la Djefara et le T'ahar.

Les points de la Djefara cultivés par Ifren sont Guet'is, El-Men-

1. On appelle *demna* les espaces cultivables entre les k'çour et les bois d'oliviers.

char, Souf Ethel et El-Mogaleb; ceux des Khelaïfia et des Riaina
sont l'Ouad Sekfel et El-Mouhl; ceux de Zentan et de Rodjeban
sont El-Bida et Nadji ; la partie réservée à Fosat'o et aux Reh'ibat
est R'eddou.

Leurs principales plantations consistent en oliviers, dont on
cueille les fruits en hiver. On commence à faire la cueillette en
octobre. On place les olives dans les chambres et magasins du
rez-de-chaussée jusqu'à ce qu'elles soient parfaitement blettes.
On les sort alors pour les faire sécher pendant quelques jours,
puis on les apporte au moulin (andour) [1] et on les met dans les
cuves (afra). On attelle un chameau à la meule (dk'a) qui est une
grande pierre assez haute, ronde et percée en son centre; au-dessous de cette meule se trouve un fond (elferch) de pierre d'une
largeur de trois coudées. Le chameau fait tourner la meule au
milieu de la cuve, qui est construite en plâtre à une hauteur de
deux coudées avec un rebord haut d'une demi-coudée, destiné à
retenir la pâte d'olives (takellout). On plante ensuite verticalement
au milieu du fond un montant (aouk'af) qui tient par en haut à
une longue poutre (kouttou), dont chaque extrémité est fixée dans
le mur du moulin. On apporte une autre perche (k'echk'ouch), longue de trois coudées, que l'on fait pénétrer dans l'ouverture de la
meule et dont on fait entrer l'une des extrémités dans le montant
vertical en l'y fixant par une petite cheville. La meule est retenue
à l'extérieur par une planche traversée par la perche en question
qui entre dans le trou du même côté. Au moyen d'une petite cheville que l'on fait entrer dans la perche horizontale, on retient la
planche et la meule, en sorte que la meule ne peut jouer ni d'un
côté ni de l'autre et tourne juste à sa place. L'extrémité extérieure
de la perche passe au-dessus du rebord de la cuve et le dépasse
en longueur d'une demi-coudée. C'est à ce bout qu'on attelle un
chameau qui, tournant autour de la cuve, tire cette perche. Celle-
ci fait tourner la meule et la meule tournant sur le fond de pierre
broie les olives jusqu'à ce qu'elles soient réduites en farine et
rejette vers l'extérieur cette pâte que retient le rebord de la cuve.

1. Comparez la fabrication de l'huile et la description d'un moulin à huile
en Kabylie qui se trouve dans La Kabylie et les coutumes kabyles de
Hanoteau et Letourneux, t. I, pages 453-459.

On jette les olives au moyen d'un petit panier (*tesounit*) au pied du montant vertical et elles sortent peu à peu. Lorsque les olives du moulin atteignent la quantité de trente à quarante h'atias, on prend alors des escourtins (*techamit*) en h'alfa, comme des paniers, dont l'ouverture est étroite ; on les remplit de pâte d'olives, on les apporte au trou des escourtins en les plaçant l'un sur l'autre, jusqu'à ce qu'il y en ait une vingtaine. Au fond du trou est un conduit qui amène dans la cuve centrale la lie des olives (*amerdjin*) et l'huile. Là les deux liquides se séparent : la lie reste au fond tandis que l'huile monte, surnage et sort de la cuve centrale (*tegerrimt n alemmas*), pour aller dans la cuve à huile (*tegerrim' n di*). Lorsque la cuve centrale est remplie par la lie, il y a dans le fond un trou, bouché par un bâton, qui sert à faire sortir ce liquide à l'extérieur ; c'est par là qu'on en soutire une partie.

Les habitants du Djebel plantent beaucoup de figuiers et de vigne qu'ils labourent à la charrue. Ils ont quelques palmiers. Ils possèdent des vaches, des brebis et des chèvres ; en hiver, ils s'abritent avec leurs troupeaux dans les grottes ; au printemps, ils sortent avec le bétail dans la Djefara et le T'ahar et suivent avec leurs tentes l'herbe, où elle se trouve. Lorsque le moment de la récolte des grains arrive, on fait revenir les femmes dans les k'çour. Les hommes partent alors pour faire la moisson, le dépiquage, et rentrer l'orge. Lorsque le moment des figues arrive, hommes et femmes vont ensemble aux figuiers et y restent jusqu'à l'automne. A ce moment, on revient dans les k'çour. Les hommes partent pour les labours, laissant les femmes confectionner avec de la laine leurs effets d'habillement, h'aoulis et djebbas.

DIVISION

UNE NOCE CHEZ LES HABITANTS DU DJEBEL

On la commence le jeudi, au lever du soleil. On amène des chameaux sur lesquels on place des filets pour aller au bois. Les femmes arrivent et apportent l'orge qu'elles grillent ; elles se mettent à leurs moulins et restent à moudre le souik destiné au

t'oummen[1] et la farine du couscous. Quelques-unes d'entre elles
se lèvent pour cribler et d'autres pour mettre sur le feu les mar-
mites qu'elles font cuire afin que les gens qui sont allés au bois
trouvent en revenant le déjeuner servi. Les hommes mangent les
premiers et les femmes après eux.

L'après-midi, les notables du quartier viennent; ils entrent
dans la chambre conjugale. On apporte le souik préparé et de
l'huile dans des assiettes; on pétrit le t'oummen et on le met dans
de grands plats en bois.

On appelle les gens du k'çar pour manger jusqu'au coucher du
soleil. On fait venir alors les nègres pour faire leur musique. Les
enfants de tous les quartiers du k'çar se réunissent autour d'eux
et nomment un vizir dans la main duquel ils mettent une baguette. Dès ce moment, c'est lui qui fait manger les gens d'honneur de la noce, que personne ne voit jusqu'au lundi.

Ce jour-là, les jeunes filles, entourant la fiancée, sortent et se
rendent à un puits pour y laver leurs effets jusqu'au milieu de la
journée. Les gens les rejoignent là avec les bêtes de somme et
les nègres, et les ramènent en jouant et en faisant grande fantasia; la foule est telle que vous ne trouveriez pas où vous tenir
debout. On fait entrer ensuite la fiancée dans la maison de son
père; la nuit venue, on lui fait mettre le h'enné ainsi qu'aux
jeunes filles. Les chanteurs arrivent alors et, du souper jusqu'à
l'aurore, récitent leurs chants. Il en est ainsi, depuis la nuit du
mardi jusqu'à celle du vendredi.

Le vendredi, depuis le lever du soleil jusqu'à midi, on fait
manger à tous, Berbères ou Arabes, blancs ou noirs, du couscous
et de la viande. Au moment de l'âçer, on amène un chameau
sur lequel on place un palanquin et on le pare de belles étoffes;
on y fait entrer la fiancée avec un jeune enfant et un plat de
couscous. On fait lever ce chameau et les gens chargés de la
fantasia, cavaliers et fantassins, viennent et conduisent la fiancée
chez son mari. Lorsqu'on atteint le coucher du soleil, on fait entrer la fiancée et son mari dans leur chambre; avec eux, entrent

1. Pâte faite avec de la farine d'orge grillée, des figues broyées et de
l'huile.

les gens d'honneur de la noce et une négresse, pour manger du couscous. Les gens sortent ensuite et se tiennent à la porte avec leurs fusils jusqu'à ce que le mari ait accompli avec la fiancée l'œuvre conjugale. Ils déchargent alors leurs armes afin que les habitants, en entendant la poudre, disent : « Ceci est pour la fille d'un tel, qui a été trouvée vierge. » Les jeunes gens égorgent alors un agneau dont ils enlèvent la peau et le foie qu'ils mettent au feu pour le manger ; puis ils sortent pour aller chez eux. Le mari reste avec sa fiancée jusqu'au petit jour : son vizir arrive et le fait sortir cette nuit qui est la nuit du samedi.

Le samedi, les femmes apportent la viande de l'agneau et en font un grand plat de pain saucé. Au moment de l'àçer, les gens d'honneur entrent dans la maison de la fiancée, ils mangent et restent à jouer à celui qui l'emportera sur l'autre aux exercices de force, au saut et à la lutte. On va ensuite au bois d'oliviers et l'on se partage en deux : ceux qui ont du h'enné aux mains restent avec les gens d'honneur de la noce ; ceux qui n'en ont pas vont à l'écart et restent à lutter jusqu'à la nuit ; à ce moment, ils vont souper chez les gens de la noce. A partir de ce jour, jusqu'au septième jour, ils vont manger chez les gens d'honneur ; la noce est alors terminée.

Lorsqu'un jeune homme arrive au moment où il désire se marier, il fixe son choix sur une jeune fille qu'il recherche ; des rapports s'établissent entre eux et, pendant ce temps, leurs parents donnent et reçoivent l'argent de la dot. Lorsqu'on repousse l'argent offert, la jeune fille s'enfuit avec le jeune homme. Les gens de marque interviennent jusqu'à ce que l'affaire soit arrangée.

DIVISION

DE CEUX QUI HABITENT LE DJEBEL NÉFOUSA

Il y en a de deux catégories : ceux qui sont Berbères (Mazir') et ceux qui sont venus d'un autre endroit.

Ceux qui sont Berbères, d'El-Bagoul jusqu'à Lalout, sont encore appelés Imazir'en. Ce sont des gens très doux qui se taisent et restent en arrière, quand il arrive quelque événement.

Quant à ceux qui sont venus d'ailleurs, ce sont les gens de Fosat'o et ceux d'Ifren, qui sont les plus anciens, les Mistaoua[1] qui se battirent avec les At R'ouzia; ceux-là les vainquirent et les chassèrent de leurs k'çour. Les gens de l'ouest vinrent alors à leur aide et combattirent avec eux. Il y eut une grande bataille entre les deux partis dans un endroit appelé Tir'edoua, entre Ammi Ameur et Our Set't'of; les At R'ouzia périrent dans cette journée. Depuis ce moment, notre doctrine fut établie à Ifren, dont les habitants, de Mistaoua qu'ils étaient, devinrent Abadhites.

La moitié des gens d'Ifren sont des At Sellam; c'est à eux que se rapporte ce que nous venons de dire; les At Our Set't'of qui forment l'autre moitié sont venus récemment. Les At Fosat'o sont venus de l'Ouest.

Les At Amor et les At Solt'an sont des gens très difficiles à mener; ils sont cependant soumis à Ifren, parce que c'est le groupe fort du Djebel et que ses habitants ont la tête dure.

Lorsque le Turk arriva à Tripoli, il y resta quelque temps et dit : Je veux faire une sortie contre les Arabes. Ceux-ci vinrent d'eux-mêmes et firent leur soumission. Le Turk monta alors à R'erian et en fit la conquête après un combat peu important. De là, il se dirigea à l'ouest, vers Lalout, et s'en empara; marchant ensuite au sud, il conquit le Fezzan.

Restaient Ifren et Fosat'o. En l'année 60 (1260 hég.), les Turks,

---

1. Les Abadhites donnent dans leurs chroniques le nom de Mistaoua à un groupe de Berbères formant une branche dissidente de leur secte. Ils appliquent par intention ce nom de tribu à tous les partisans d'un schisme qu'ils réprouvent. « Les Mistaoua, dit Ahmed Chemmakhi (*Siar*, page 280-281), étaient les Noukkar. Les Noukkar sont une fraction des Abadhites qui adoptèrent les doctrines dissidentes d'Abdallah ben Yezid et qui suivent comme autorité en matière juridique les opinions d'Ibn Abd el-Aziz, d'Abou el-Moueredj, de H'atem ben Mançour et de Châib ben El-Mâreï. L'origine de leur schisme est le refus de reconnaître comme imâm, Abd el-Ouahhab, fils d'Abderrahman ben Rostem. » La *Chronique* d'Abou Zakaria contient (pages 61 et suivantes) des détails très complets sur le schisme des Noukkar qui fut provoqué par un habitant de Tahert, Abou K'odam Yezid ben Fendin, des Beni Ifren. Ce personnage périt dans la lutte entreprise contre l'imâm Abd el-Ouahhab; son fils Abdallah ben Yezid continua son œuvre et propagea ses doctrines dans les tribus berbères du Maghreb.

envoyèrent contre eux de la cavalerie arabe et turke; ces troupes ne purent rien faire et prirent la fuite. Ensuite, arriva Ah'med Bacha qui prit Ifren, tua ses notables et bâtit le k'çar inférieur. On enleva R'ouma[1], chef de la résistance dans le Djebel et on le transporta à Constantinople. Il y resta quelques jours, prit la fuite et revint à Ifren. Là, il fit la guerre. Il enleva le k'çar aux Turks; mais ceux-ci revinrent contre lui et le lui reprirent.

Un grand nombre de montagnards suivirent R'ouma dans sa fuite; mais après être restés quelques mois, ils rentrèrent.

Depuis ce moment jusqu'à ce jour, le feu de l'insurrection s'est éteint chez les Berbères.

Cette relation en berbère des Nefousa, telle que Dieu a bien voulu la donner, a été terminée le 16 du mois de l'Aïd Ser'ir, année 1302[1] par la main de celui qui l'a écrite, Brahim ben Sliman Chemmakhi, des t'olba d'Ifren.

1. Cf. sur R'ouma, Rohlfs, *Von Tripolinach Alexandrien*, Norden, 1885, 2 v. pet. in-8, t. I, p. 45 et suivantes. Il est encore le héros de chansons populaires en Tripolitaine, cf. H. Stumme, *Tripolitanisch-Tunisische Beduinenlieder*, Leipzig, 1894, in-8, p. 56-57; id. trad. française, par Wagnon, *Chants des Bédouins de Tripoli*, Paris, 1894, in-8, p. 4.

CHAPITRE IV

INDEX DES NOMS PROPRES

CONTENUS DANS LA TRADUCTION

DE LA RELATION DU DJEBEL NEFOUSA [1]

A

Abadhites, 72, 73*, 74, 77, 78, 87, 90.
Abou Mançour Elias, 91*.
Abou Màrouf Ouier ben Djouad, 100*.
Abou Naçer Fath' ben Nouh', 103*.
Abou Obeida, 87.
Abou Obeida Abd el H'amid el Djenaouni, 88.
Abou Sakeu Ameur ben Ali ben Ameur ben Isfao Ech Chemmakhi, p. 77.
Abou Zakaria et-Toukiti, 94*.
Achefi, 86*.
Ah'med bacha, 115.
Ah'med Ech-Chemmakhi, 90*.
Ammi Abd El Ouh'ad, 76*.
Ammi Ah'med ou El H'adj El Barouni, 97.
Ammi Ameur, 114.
Ammi Ameur ou Ali Ech Chemmakhi, 75*.
Ammi Beidet El Gnaouni, 89.
Ammi Nouh', 89.
Ammi Sàid n Aioub, 105*.
Ammi T'ahar, 76*, 86*.
Ammi Yah'ia, 85*, 89*, 104*.
Ammi Younis, 89.
Ara Amour, 72*.
Arabes, 75, 81, 83, 84, 85, 86, 93, 94, 96, 98, 99, 102, 104, 106, 112, 114.
Arnoun, 72.
At Abd El Aziz, 81.

At Amar, 114.
At Aouafia, 80.
At At'ia, 79, 80, 83, 84.
At Belhoul, 83.
At Bou Djedid, 97, 98.
At Bou H'asien, 81.
At Bou Khezama, 73.
At Boulal, 78.
At Bou Serafa, 78.
At Diab, 80.
At Brahim, 83.
At Djellal, 79.
At Douib, 82, 83.
At El Ain, 81.
At El H'adj, 83.
At El H'aret, 77.
At El Ouad, 80.
At Fosat'o, 114.
At Grada, 78.
At Ignaoun, 87, 88*.
At Imit'iouin, 97.
At Indebas, 90.
At Khelifa, 79, 83.
At Mah'moud, 106.
At Màn, 77, 78.
At Mechoucha, 78.
At ou Ali, 81.
At ou R'asrou, 75, 76*.
At Our Set't'of, 114.
At Rian, 81.
At R'ouzia, 114.

---

1. Les astérisques indiquent que le nom cité a été l'objet d'une note.

CHAPITRE V

LEXIQUE FRANÇAIS-BERBÈRE DU DIALECTE
DU DJEBEL NEFOUSA

——

A

Abattre, (imp.) *sout'a* سوطا ; (aor.) *isout'a* يسوطا ; (n. v.) *sout'a* سوطا, forme factitive de وطا tomber (cf. ar. وطا).

Abeille, *tezizoui* تزيزروي, pl. *tizizouin* تزيزروين.

Aboyer, (imp.) *sehaouhaou* سهاوهاو ; (aor.) *isehaouhaou* يسهاوهاو.

Abreuver, (imp.) *sesou* سسو ; (aor.) *isesou* يسسو ; (n. v.) *tesisoui* تسيسوي et *tessi* تسّي, forme factitive de *esou*, boire.

Abricot, *elmechmach* ¹ المشماش (ar.).

Abricotier, *temechmachet* تمشماشت, pl. *temechmachin* تمشماشين (ar.).

Absent (être), *oul illa ch* ول يلّا شي, mot à mot : il n'est pas.

Accoucher (v. n.), (imp.) *erou* ارو ; (aor.) *tourou* تورو ; n. v. *taroua* تروا.

Accoucher (v. a.), (imp.) *sirou* سيرو ; (aor.) *tesirou* تسيرو ; (n. v.) *teseroui* تسروي.

Accoucheuse, *tamsirout* تمسيروت, pl. *tamsirouin* تمسيروين (Sage-femme).

Accrocher, (imp.) *agel* اڭل ; (aor.) *iougel* يوڭل ; (n. v.) *igal* يڭال.

Achat, *tamsir't* تمسيغت ; *temes-*

r'iout تمسغيوت ; *isr'ai* يسغاي, rac. *aser'* اسغ.

Acheter, (imp.) *aser'* اسغ ; (aor.) *isr'ou* يسغو ; (n. v.) *isr'ai* يسغاي.

Acier, *edekir* ادكير (ar. ذكير).

Adroit, *indhedj* ينضج.

Affamé, *illoz* يلّز (il a faim).

Age, *temeddourt* تمدّورت, rac. *edder* ادّر, vivre.

Agneau, *zoumer* زومر, pl. *izoumar* يزومار.

Agrafe, *tesernest* تسرنست, pl. *tesernas* تسرناس.

Aider, (imp.) *rer'r'et* رغّت ; (aor.) *irer'r'et* يرغّت ; (n. v.) *tarer'at* تارغات.

Aigle, *anser* انسر (ar.).

Aigre, *asemmam* اسمّام.

Aiguille, *tesegnit* تسڭنيت, pl. *tesegnaï* تسڭناي (cf. *egni* اڭني coudre) ; grosse aiguille, alène : *tesoubla* تسوبلا, pl. *tesoublaouin* تسوبلاوين.

Ail, *tichchert* تيشّرت.

Aile, *afriou* افريو, pl. *ifrioun* يفريون.

Aimer, (imp.) *ekhs* اخس ; (aor.) *ikhs* يخس ; (n. v.) *ikhsai* يخساي (cf. *er's* اغس, vouloir).

Aîné, *amok'ran* امقران, pl. *imok'ranen* يمقرانن.

Aire à dépiquer, *aselr'ar* اسلغاغ, pl. *iselr'ar'en* يسلغاغن.

Ajouter, (imp.) *erni* أرني ; (aor.) *irni* يرني ; (n. v.) *irnai* يرناي.

Allaiter, (imp.) *senbi* سنبي ; (aor.) *tesenbi* تسنبي ; (n. v.) *senbi* سنبي, forme factitive de *enbi* انبي, téter.

Aller, (imp.) *ougour* وݣور ; (aor.) *iougour* يوݣور ; (n. v.) *tagouria* تݣوريا.

Allumer, (imp.) *srer'* سرغ ; (aor.) *iserer'ou* يسرغو ; (n. v.) *teserer'i* تسرغي, forme factitive de *erer'* أرغ, brûler.

Allumer (s'), (imp.) *erer'* أرغ ; (aor.) *irer'ou* يرغو ; (n. v.) *tirer'i* تيرغي.

Altéré, *iffed* يفد.

Amadou, *et'doum* أطعوم (ar. طُعم).

Amande, *zellouz* زلوز (cf. ar. اللوز).

Amant, *amedjrout* أمجروت, pl. *imedjrouta* يمجروتا.

Amener, (imp.) *aoui* اوي ; (aor.) *ioui* يوي.

Ame, *iman* يمان, pl. *imanen* يمانن.

Amer, *iazai* يازاي.

Ami, *ameddoukel* امدّوكل, pl. *imeddoukalen* يمدّوكالن.

Amour, *ikhsai* يخساي ; amour réciproque : *tamekhsiout* تمخسيوت : rac. *ekhs*, aimer.

Ancien, *amezouar* امزوار, pl. *imezouaren* يمزوارن ; — *'ak'dim* اقديم, pl. *ik'dimen* يقديمن (ar.) ; — *'akbour* اكبور, pl. *ikbar* يكبار (ar. كبر) ; — *ousser* وسّر, pl. *ioussaren* يوسّارن, s'emploie pour les personnes.

Ane, *ziet'* زيط, pl. *izit'en* يزيطن.

Anesse, *teziet'* تزيط, pl. *tezit'in* تزيطين.

Anneau, *khouçit* خوصيت, pl. *tekhouçin* تخوصين (ar. خوصة et خياصة).

Année, *sougges* سوݣس, pl. *isouggasen* يسوݣّاسن.

Anon, *akerchoun* اكشون, pl. *ikerchan* يكرشان.

Anus, *bout'* بوط, *tamessat'* تمسّاط ; ce dernier mot signifie cuisse ou fesse dans d'autres dialectes (arab. مساطة, os coxal, hanche).

Appeler, (imp.) *siouel* سيول ; (aor.) *isiouel* يسيول : (n. v.) *sioual* سيوال.

Apporter. V. Amener.

Apprendre, (imp.) *elmed* المد ; (aor.) *ilmed* يلمد ; (n. v.) *ilmad* يلماد.

Après, *deffer* دڤر ; après eux : *deffer asen* دڤراسن.

Après-demain, *bâd jetcha* بعد زچا.

Après-midi, *temeddit* تمدّيت, pl. *temeddilin* تمدّيتين.

Apporter, (imp.) *aoui d* اويد ; (aor.) *ioui d* يويد ; (n. v.) *iouai* يواي.

Approcher, (imp.) *echchef* اشف ; (aor.) *ichchef* يشف ; (n. v.) *ichchaf* يشاف.

Arabe, *abiat* ابيات, pl. *ibialen* يبياتن.

Araignée, *oulelli* وللي, pl. *ioulelliin* يولليين.

Arbre, *sedjert* سجرت, pl. *tesedjriin* تسجريين (ar. شجرة).

Arc-en-ciel, *izzi* يزّي.

Argent (métal), *elfedjret* الفجرت (cf. René Basset, *Les noms des couleurs et des métaux en berbère*, p. 7-10).

Argent (monnaie), *idrimen* يدريمن ; *igermilen* يݣرميلن.

Argile, *tr'ouri* تغوري.

Arracher, (imp.) *k'ellá* قلع ; (aor.)

ik'elld يقلّع ; (n. v.) *k'elld* قلع (ar.).

Arrêter (s'), (imp.) *eouded* وودد ; (aor.) *iouded* يودد ; (n. v.) *ioudad* يوداد.

Arrêter, (imp.) *souuded* سوّدد ; (aor.) *isououded* يسوّدد ; (n. v.) *souuded* سوّدد, forme factitive de *eouded*.

Arrière (en), *s deffer* سدفر.

Arriver, (imp.) *eouot'* اوط ; (aor.) *iouot'* يوط ; (n. v.) *iouat'* يواط.

Arroser, (imp.) *sesou* سسو ; (aor.) *isesou* يسسو ; (n. v.) *tesisoui* تسيسوي et *tessi* تسّي, forme factitive de *esou*, boire.

Asseoir (s'), (imp.) *'k'im* قيم ; (aor.) *ik'im* يقيم ; (n. v.) *touk'imit* تقيميت (ar.).

Assez, *izzi* يزّي (ar.).

Assiette, *tebek'it* تبقيت, pl. *tebouk'ai* تبوقاي.

Attacher, (imp.) *ak'k'en* اقن ; (aor.) *iouk'k'en* يوقن ; (n. v.) *ouk'k'oun* وقون.

Attendre, (imp.) *souggem* سوكّم ; (aor.) *itesouggem* يتسوكّم ; (n. v.) *tesougmi* تسوكمي.

Aubépine sauvage, *tainer't* تاينغت.

Au-dessous, *s addou* سادّو. Ils boivent à un puits qui est au-dessous du k'çar : *saoun si tanout tella s addou r'asrou* ساون سي تانوت تلّا سادّو غاسرو.

Au-dessus, *d enneg* دانّك. Au-dessus de lui : *d enneg as* دانكاس.

Aujourd'hui, *assou* اسّو.

Aumône, *'elmârouf* المعروف (ar.); *'kramet* كرامت (ar.).

Automne, *tirza* تيرزا ; signifie culture, labour.

Autre (masc.), *ouidi* ويدي et *ouail'* وايط, pl. *iail'* يايط et *iil'nin* يبيطنين.

Autre (fém.), *tidi* تيدي et *tiel'* تيط pl. *tiel'nin* تيّطنين.

Autruche, *asil* اسيل, pl. *isilen* يسيلن.

Avant, *dassat* داسات.

Avant-hier, *idennât'* يدنّاط, *assil'en* اسيطن.

Avare, *ik'k'er* يقّر, mot à mot : il est sec. Cette expression se retrouve chez les Beni Mzab et dans plusieurs autres dialectes. Cf. Masqueray, *Comparaison d'un vocabulaire du dialecte des Zénaga*, p. 476 et 499, note 1.

Avec, *did* ديد. Avec lui : *did es* ديد انس et *did ennes* ديد نس.

Aveugle, *'abçir* ابصير, pl. *ibçiren* يبصيرن (ar.); *'akfif* اكفيف, pl. *ikfifen* يكفيفن (ar.).

Avoir. L'idée de possession présente se rend généralement par *r'er* غر, chez, suivi des affixes. Ex. : Nous avons : *r'erner'* غرنغ. L'imparfait s'exprime au moyen du verbe *issi* يسي, il était, suivi de *r'er*. Il avait de l'argent : *issi r'ers igermilen* يسي غرس يكرميلن.

Avorter, (imp.) *mezdi* مزدي ; (aor.) *temezdi* تمزدي ; (n. v.) *temezdi* تمزدي.

B

Baguette, *agel't'oum* اكطوم, pl. *iget'man* يكطمان et *iget't'oumen* يكطومن.

Baguette de fusil, *'elmerouas* المرواس, pl. *elmeraouis* المراويس.

Bâiller, (imp.) *etefi* اتفي ; (aor.) *iteffi* يتفّي ; (n. v.) *iteffan* يتفّان (cf. ar. تفوه).

Baiser, (imp.) *kebb* كبّ ; (aor.) *ikebb* يكبّ ; (n. v.) *akebbi* اكبّي.

Balance, *'elhazet* الهازت, pl. *'elhezat* الهزات.

Balle, *latefah'et تنتفاحت, pl. elle-fah' التفاح.

Barbe, toumert تومرت, pl. temira تميرا.

Barrage, *ah'bas احباس.

Barque, *elflouket الفلوكت, pl. ti-flak تيغفلاك (ar. فلوكة).

Bas (en), addai اداي.

Bassin, aser' اسغ, pl. isar'r'en يساغن.

Bat, *tebarda تبردا, pl. *teberdiouin تبرديوين (ar. بردعة).

Bataille, imenr'an يمنغان ; rac. انغ enr'. tuer.

Bâtir, (imp.) eçl'ch' اصش ; (aor.) içchou يصشو ; (n. v.) teçechoui تصشوي et teçol'chi تصطشي.

Bâton, tar'rit تغريت, pl. ter'ariin تغاريين.

Battre, (imp.) ouet وت ; (aor.) iouet يوت ; (n. v.) tita تيتا.

Battre le grain, (imp.) chichel شيشل; (aor.) ichichel يشيشل ; (n. v.) chichal شيشال.

Battre (se), (aor. 3e pers. pl.) emoue-ten اموتن, forme réciproque de ouet وت.

Beau, *isemah' يسمح, pl. semeh'en سمحن.

Beaucoup, imoul يمول (invar.), irkha يرخا (variable). Ils ont beaucoup de fruits : r'ersen ir'main erkhan غرسن يغماين ارخان. J'ai beaucoup de palmiers : r'eri tezdain er-khanet غري تزداين ارخانت.

Bec, *ank'our انقور, pl. ink'ouren ينقورن (rac. ar. نقر).

Bêche, tegelzimt تفلزيمت, pl. te-gelzimin تفلزيمين.

Bêler, (aor.) idjoua يجوا ; (n. v.) djougit جوڤيت.

Bélier, zaler' زلغ ; pl. izoular' يزولاغ.

Bénédiction, tanemmirt تنميرت.

Berbère, mazir' مازيغ, pl. imazir'en يمازيغن.

Berceau, amerridou امريدو, pl. imer-rida يمريدا, tdloula تعلولا, pl. tidloulai تعلولاي. Le premier de ces mots désigne un berceau fait d'une écaille de tortue de mer ; le second s'emploie pour désigner un berceau en cordes, sorte de hamac que l'on suspend entre deux montants.

Bercer, (imp.) zouzen زوزن ; (aor.) izouzen يزوزن ; (n. v.) zouzen زوزن

Berge, *tah'fafet تحفافت, pl. teh'fa-fin تحفافين (ar. حافة).

Berger, nilti نيلتي, pl. inilten ينيلتن.

Beurre frais, telousi تلوسي.

Beurre fondu, dinelli دينلي.

Bien, *çabih' صبيح.

Bientôt, siah an achchar, سياه ان انشار, mot à mot : d'ici à un peu.

Blanc, mellel ملل, pl. imellalen يملالن.

Blé, irden يردن.

Blessé, anizzoum انيزوم.

Blesser, (imp.) izem يزم ; (aor.) iizem ييزم ; (n. v.) izam يزام.

Blessure, gezzim كزيم, pl. igezmaoun يكزماون.

Bleu, zizou زيزو, pl. izizaoun يزيزاون.

Blond, *leçeheb لصهب, pl. ilçehben يلصهبن (ar. اصهب).

Bœuf, founas فوناس, pl. ifounasen يفوناسن.

Boire, (imp.) esou اسو ; (aor.) isouou يسو ; (n. v.) tissi تيسي.

Bois (morceau de), asr'er اسغر, pl. isr'aren يسغارن.

Boiter, (imp.) *seboukrâ سبوكرع ; (aor.) iteseboukra يتسبوكرع ; (n. v.) sebekrâ سبكرع (forme fact.

d'un mot composé de بو et de كرع, jambe).

Boiteux, *ileseboukrà يتسبوكرع.

Bou, *çebih' صبيح, pl. içebih'en يصبيحين (ar.).

Bon marché, *iksed يكسد (ar.) (كسد).

Borgne, *aferdi أفردي, pl. iferdiin يغرديبين (de l'arabe فرد unique).

Bord, aider ايدر. Au bord de la rivière : af aidor n ousef اف ايدر ان وسف.

Bosse, tigessi تيڭسّي.

Bosse de chameau, tioui تيوي, pl. tiouiin تيويين.

Bossu, iggez يڭز, pl. egezen اڭزن.

Bouc, akrar اكرار, pl. ikraren يكرارن.

Bouche, imi يمي, pl. imaoun يماون. Imi n ouchchen : يمي ن وشن, un empan (m. à m. : la bouche du chacal).

Boucher, amer'ras امغراس, pl. imer'rasen يمغراسن, de la racine er'res أغرس, égorger.

Boucle d'oreille, touinest توينست, pl. touinàs توينّاس.

Boue, *lobbiz لبّيز (cf. l'arabe لبّن, gâcher de la boue).

Bouillir, (imp.) aber ابر; (aor.) iouber يوبر; (n. v.) abbar اتّار.

Bourre de fusil, *bachouret باشورت (ar.) (باشورة).

Bourse, *tàlaout تعلاوت, pl. tiàlaouin تعلاوين; — selfet سلفت, pl. tisilfin تسيلفين; — lesigrest تسيڭرست, plur. tesigras تسيڭراس.

Bouse, taseltoukhl تسلتوخت.

Bouvier, nilli n ifounasen نيلتي ان يڧوناسن, mot à mot : berger de bœufs.

Bracelet, tanbell تنبلت, pl. tenbalin تنبالين.

— (large), eddebledj الدبلج.

Braire, (imp.) hennech هنّش; (aor.) itehennech يتهنّش; (n. v.) hennech هنّش.

Braise, tirer'et ترغت, pl. tirer'in ترغين, rac. erer' ارغ, brûler.

Branche, *elkhelf الخلف (ar.).

Bras, r'ill غيل, pl. ir'allen يغالّن.

Brave, amenai امناي, pl. imenain يمناين, rac. ënni, monter à cheval.

Brebis, tili تيلي, pl. tatten تاتّن.

Bride de cheval, *algam الݣام, pl. *ilgamen يلݣامن (ar.) (لجام).

— de mulet, *tasrimt تسريمت, pl. tisrimin تسريمين (ar.) (صريمة).

Brique séchée au soleil, bersi برسي, pl. ibersa يبرسا. Ce mot signifie proprement motte de terre séchée au soleil.

Briquet, infed ينفد, pl. infedaoun ينفداون.

Briser, (imp.) erz ارز; (aor.) irzou يرزو; (n. v.) traza تّرازا et tirzi تيرزي.

Brouillard, tagout تاڧوت.

Bruit, *doui دوي, rac. ar. دوى.

Brûler, (imp.) erer' ارغ; (aor.) irer'ou يرغو; (n. v.) tirer'i تيرغي; — (aor.) itesemhel يتسمهل; — (n. v.) semhel سمهل.

C

Cacher, (imp.) sekrem يسكرم; (aor.) isekrem يسكرم; (n. v.) tesekremt تسكرمت.

Caillou de rivière, *azrar* ازرار, pl. *izraren* يزرارن.

Caméléon, *tah'arbait* تحربايت, pl. *teh'arbain* تحربايين (ar. حرباء).

Canon, *amroud* امرود, pl. *imrouden* يمرودن.

Câprier sauvage, *tiloulet* تلولت.

Capuchon, *tat'erbouchet* تطربوشت, pl. *t'arbouchin* طربوشين; — c'est le mot arabe طربوشة (persan سردوش) employé en Tunisie dans le même sens.

Caravane, *tirkeft* تركفت, pl. *terkfin* تركفين.

Carder, (imp.) *k'ellem* قلم; (aor.) *ik'ellem* يقلم; (n. v.) *k'ellem* قلم.

Carotte, *tefisner't* تفيسنغت, pl. *tefisnar'* تفيسناغ (cf.ar. سفنارية).

Caroube, *badhliou* بضليو, pl. *ibadh liouin* يبضليوين.

Casser, (imp.) *erz* ارز; (aor.) *irzou* يرزو; (n. v.) *tirzi* ترزي.

Causer, (imp.) *siouel* سيول; (aor.) *isiouel* يسيول; (n. v.) *siouel* سيول.

Cavalier, *amenai* امناي, pl. *imenain* يمناين (rac. *enni*).

Caverne, *irdji* يرجي, pl. *irdjaoun* يرجاون et *irdjanen* يرجانن.

Ceinture, *atlatini* اتلاتيني, pl. *itlatiin* يتلاتيين.

Célibataire, *âzeri* عزري, pl. *iâzeriin* يعزرريين (ar. عزري).

Cendre, *ir'ed* يغد.

Céréales, *mendi* مندي (coll.).

Cervelle, *al* ال.

Chacal, *ouchchen* وشن, pl. *ouchchanen* وشانن.

Chaîne, *zinzer* زينزر, pl. *izenzeren* يزنزرن.

Chaleur, *azer'ellii* ازغلي.

Chambre, au rez-de-chaussée, *tezk'a* تزقا, pl. *tezek'ouin* تزقوين; chambre obscure, réduit: *kouknou* كوكنو, pl. *ikouknaoun* يكوكناون; chambre servant de magasin: *gaji* گاژى, pl. *igajiouin* يگاژبوين.

Chameau, *alr'em* الغم, pl. *iler'man* يلغمان.

Chamelle, *talr'emt* تلغمت, pl. *teler'min* تلغمين.

Champ, *tir'i* تيغي, pl. *tir'iouin* تغيوين.

Chant, *izli* يزلي.

Chanter, (imp.) *ezli* ازلي; (aor.) *izeli* يزلي; (n. v.) *izeli* يزلي.

Chaque, *ak* اك.

Charbon, *terdjin* ترجين.

Charbonnier, *aredjdjai* ارجّاي, pl. *irredjdjain* يرجاين.

Charger, (imp.) *akhoua* اخوا; (aor.) *ikhoua* يخوا; (n. v.) *ikhouaï* يخواي.

Charogne, *tasek'it* تسقيط, pl. *tesek'it'in* تسقيطين, de la racine arabe سقط.

Charrue, *ouilli* ولّي, pl. *ioulian* يوليان.

Chasser, (imp.) *egnes* اگنس; (aor.) *ignes* يگنس; (n. v.) *agnas* اگناس (ar. قنص).

Chassie, *ir'erbouzen* يغربوزن.

Chat, *amnich* امنيش, pl. *imnichen* يمنيشن; — *k'at't'ous* قطوس, pl. *ik'out't'as* يقوطّاس (ar. Tun. et Tripolitain).

Chatouiller, (imp.) *kedhkedh* ككضض; (aor.) *ikedhkedh* يكضكض; (n. v.) *kedhkedh* كضكض.

1. Cf. Stumme, *ouvrage cité*, p. 302.

Chaud, *izer'el* ينرغل, pl. *zer'len* زغلن.

Chaudron, *tougdirt* تُكديرت, pl. *tougdirin* تُكديرين (ar. قدرة).

Chauve, *anemsi* انمسي, *inemsiien* ينمسيين (cf. rac. ar. نمص, épiler).

Chef, *amok'ran* امقران, pl. *imok'ranen* يمقرانين.

Chemise, *brid* بريد, pl. *ibriden* يبريدن.

Cheminée, *nouel* نول, pl. *inouèlen* ينولن.

Chemise, *tekoubbet* تكُبت, pl. *tekoubbatin* تكُباتين (ar. جبّة).

Chenille, *tekitcha* تكيچا, pl. *teketchaouin* تكچاوين.

Cher, (adv.), *inzou* ينزو.

Chercher, (imp.) *segger* سكّر ; (aor.) *isegger* يسكّر ; (n. v.) *tesegri* تسكّري.

Cheveu, *zaou* زاو, pl. *izouggen* يزوكّن.

Chèvre, *tr'at'* تغاط, pl. *ter'at'in* تغاطين.

Chevron, *kouttou* كوتّو, pl. *ikoullan* يكوتّان.

Chez, *r'er* غر. Comme dans les autres dialectes, s'emploie suivi des affixes pour exprimer l'idée de possession : *R'eri* غري, j'ai. *R'erner'* غرنغ, nous avons.

Chien, *ioudi* يودي, pl. *il'an* يطان.

Chienne, *toudit* توديت, pl. *tidatin* تيداتين.

Chose, *chera* شرا, *tr'aousa* تغاوسا.

Chrétien, *roumi* رومي, pl. *iroumien* يرومين.

Ciel, *adjenna* اجنا, pl. *idjenouen* يجنون.

Cigale, *bezizi* بزيزي, pl. *ibeziziin* يبزيزين.

et بزرير (en ar. vulg. يبزريريين (بوبزرير).

Cil, *madel* مادل, pl. *imadlioun* يمادليون.

Cimetière, *tadjebbanet* تجبّانت, pl. *tidjebbanin* تجبّانين (ar. جبّانة).

Cinq, *oufes* وفس (main). Voir la Note sur le système de numération des habitants du Djebel Nefousa, p. 31 et suiv.

Cinquante, *zegni n temit'i* زڭني ان تميطي. mot à mot : moitié de cent (v. Notes gram., p. 31 et suiv.).

Cinquième, *oui s oufes* وي سوفس (v. Notes gram., p. 33).

Ciseaux, *temet'iaz* تمطياز.

Citerne, *aser'* أسغ, pl. *isar'r'en* يساقّن.

Citron, *telimit* تليميت, pl. *telimiin* تليميين (ar. ليم).

Citrouille, *tagerroumt* تڭرّومت.

Clair (limpide), *inedhif* ينضيف (ar. نظيف).

Clair de lune, *tfaout n dziri* تفاوت ان دزيري.

Clef, *tounist* تونيست, pl. *teniisa* تنييسا.

Cochon, *akhenzir* اخنزير, pl. *ikhenziren* يخنزيرن (ar.).

Cœur, *oul* ول, pl. *oulaoun* ولاون.

Colère, *tik'i* تيقي.

Collier, *talek'at* تلقات, pl. *telek'atin* تلقاتين.

Colline, *lerch* لرش, pl. *etrouch* اتروش (ar. لرش).

Colonne, *ammoud* امّود, pl. *immouden* يمّودن (ar. عمود).

Combattre, *tmezi* تمزي.

Combien, *menit* منيت.

Comme, *am* ام. Comme lui : *am nit* ام نيت.

Commencer, (imp.) *adel* ادل ; (aor.)

ioudel يودل ; (n. v.) *addal* اآدل.

Comment, *mammek* مّماك ; *af mai* اف ماى.

Commerce, *zenzil d temesr'ioul* زنزيت د تمسغيوت, mot à mot: vente et achat.

Conduite d'eau, *tat'ouent* تطونت, pl. *til'ouna* تطونا.

Connaître, (imp.) *essen* اسّن ; (aor.) *issen* يسّن : (n. v.) *issan* يسّان.

Conte, *tanfoust* تنفوست, pl. *tenfas* تنفاس.

Content, *ifrah'* يفرح (ar.).

Coq, *gazet'* گازط, pl. *igazit'en* يگازيطن.

Corbeau, *tejarfi* تژرفي, et *tidjarfi* تژرفي, pl. *tejarfiouin* تژرفيوين.

Corde, *lenelli* تنلّي ; petite corde, *zouker* زوكر.

Cordonnier, *abler'dji* ابلغجي, pl. *iblerdjiin* يبلغجيين (de l'arabe بلغة).

Corne, *achchaou* اشّاو, pl. *ichchaoun* يشّاون.

Corps, *eldjerm* الجرم (ar.).

Côte, *ar'esdis* اغسديس, pl. *ir'esdisen* يغسديسن.

Coton (plante), *tafedoukht* تفدوخت.

Cou, *toukrimt* تكريمت, pl. *tekermin* تكرمين.

Couchant, *ir'far n toufout* يغفاران توفوت.

Coucher (se), (imp.) *et't'es* اطّس ; (aor.) *il't'es* يطّس ; (n. v.) *et't'es* اطّس ; (en parlant des astres), *er'fer* اغفر.

Coude, *adebbous* ادبّوس, pl. *idebbousen* يدبّوسن (ar. دبّوز, massue).

Coudre, (imp.) *egni* اگني ; (aor.)

igni يگني ; (n. v.) *tegnail* تگنايت.

Couler, (imp.) *tazzel* تازّل ; (aor.) *itazzel* يتازّل ; (n. v.) *tazzela* تازّلا, forme d'habitude de *ezzel*, courir.

Couleur, *rehd* رهد (cf. ar. رهط, espèce).

Coup, *titi* تيتي, pl. *titiouin* تيتيوين ; rac. *eoui*, frapper.

Coup de poing, *afekous* افكوس, pl. *ifekousen* يفكوسن.

Couper, (imp.) *enkodh* انكض ; (aor.) *inkodh* ينكض ; (n. v.) *inkadh* ينكاض.

Cour, *alemmas n taddart* الّماس ان تدّارت, mot à mot : milieu de la maison.

Courir, (imp) *ezzel* ازّل ; (aor.) *iouzzel* يوزّل ; (n. v.) *tazzela* تازّلا.

Court, *gezzel* گزّل, pl. *igezlalen* يگزلالن.

Couscous, *arouai* ارواي.

Cousins, *taroua n âmm* تروا ان عمّ, mot à mot : fils de l'oncle.

Coussin, *tamkheddit* تمخدّيت, pl. *temkheddiin* تمخدّيين (arabe مخدّة).

— **en cuir,** *samou* سامو, pl. *isouma* يسوما.

Couteau, *elmousi* الموسي.

Couver, (aor.) *tekrek* تكرك ; (n. v.) *tekerki* تكركي.

Couvrir, (imp.) *aden* ادن ; (aor.) *iouden* يودن.

Crachat, *ikoufesan* يكوفيسان.

Cracher, (imp.) *skoufes* سكوفس ; (aor.) *iskoufes* يسكوفس ; (n. v.) *tekoufas* تكوفاس.

Craindre, (imp.) *agged* اگّد ; (aor.)

iougged يوكّد ; (n. v.) tagouda
تاكّودا.

Crainte, tagouda تاكّودا.

Crâne, tak'oubât تقوبعت, pl. tekou-
bâin تقوبعين. Cf. arabe قبّعة, capuchon.

Crapaud, adjerou اجرو, pl. idjerouen
يجرون.

Créancier, bab n merouas باب ان
en arabe صاحب الدين; مرواس.

Cresson, belibcha بليبشا.

Creuser, (imp.) er'z أغز ; (aor.) ir'zou
يغزو ; (n. v.) ter'aza تغازا.

Crevasse *elkhochchet الخشّت, pl.
elkhechaïch الخشاييش (rac. ar.
خش).

Crible, talloumt تلّومت, pl. tallou-
min تلّومين.

Cribler, (imp.) sif يسيف ; (aor.) isif
يسيف ; (n. v.) siffi سيفّي.

Crier, (imp.) *sek'd سقع ; (aor.) isek'd
يسقع ; (n. v.) tesek'dt تسقعت
(métathèse de l'arabe صقع).

Crieur public, *aneddai انّداي, pl.
*ineddain ينّداين (rac. ar. ندى),

Croire (s'imaginer), hiala هيبالا ; (aor.)
ihiala يهيبالا.

Crottin de chameau, tesekit تسكيت,
pl. tekisra تكسرا.

— de cheval, d'âne, tesekit تسكيت,
pl. tesekin تسكين.

Croupe, *zemlet زملت.

Cru, idder يدّر, rac. edder اكدّر, vivre,
être en vie.

Cruche (petite), tejeddouit تزّقدّويت,
pl. tejeddiouin تزّقدّيوين.

Cruche (grande), *lazouirt لزويرت,
pl. *lezouirin لزويرين (ar. زير et
زيرة).

Cuiller, ter'endjit تغنّجيت, pl.
ter'endjain تغنّجاين.

Cueillette des olives. Comporte trois
opérations successives :

1º Le gaulage : *isram يسرام, nom
verbal de *srem سرم, abattre. Cf.
l'arabe صرم.

2º La mise en tas : ibbai, n. v. de
ebbi انّي, ramasser.

3º Le balayage : l'oumi طومي, n.
v. de l'oum.

— des figues. 1re opération : dzouzar
دزوزار, n. v. de dzouzer
secouer. 2e opération : ibbai
يبّاى.

Cuir marocain, *afilali افيلالي (adj.
relatif de Tafilalet تفيلالت).

— pour semelles, *elmelkhet
الملخت (ar. ملخة).

Cuire, (imp.) moud مود ; (aor.) imoud
يمود ; (n. v.) amoudi امودي.

Cuisse, tar'ma تغما, pl. tar'miouin
تغميويين.

Cuivre, *nch'as نحاس (ar.).

Cultivateur, amekraz امكراز, pl. imekrazen يمكرازن.

Cultiver, (imp.) ekrez اكرز ; (aor.) ikrez
يكرز ; (n. v.) tekirza تكيرزا.

Culture, tekirza تكيرزا et tirza تيرزا.

Cuve, afra افرا, pl. iferouen يفرون ;
— réservée à l'huile, tijent تيژنت ;
grande — à l'huile, tegerrimt
تكرّيمت.

D

Datte, tini تيني, pl. tintouin
تينيويين.

De, n, enn ان (voir Notes grammaticales).

Debout, iouded يودد.

Debout (se tenir), (imp.) eoued اودد ;
(aor.) iouded يودد ; (n. v.) ioudad
يوداد.

Dedans, gaj كاژ.

Déjeuner, *mekli* مكلي, pl. *imeklioun* يمكليون.

Demain, *jetcha* زُجْا ; demain matin : *r'ebechcha* غبشا ; après-demain : *bâd jetcha* بعد زُجا.

Demander, (imp.) *sesten* سستن ; (aor.) *isesten* يسستن ; (n. v.) *tesesteni* تسستني.

Demeurer, (imp.) *ezder'* ازدغ ; (aor.) *izder'* يزدغ ; (n. v.) *tezedr'i* تزدغي.

Demi, *zegni* زُكْني. Demi-journée : *zegni n ass* زُكْني ان اس.

Dent, *'sinn* سينّ, pl. *'isinnen* يسينّن (ar. سنّ).

Dépiquer le grain, (imp.) *chichel* شيشل ; (aor.) *ichichel* يشيشل ; (n. v.) *ichichal* يشيشال.

Depuis, *sasih* ساسيه.

Dernier, *aneggarou* انڭارو, pl. *ineggoura* ينڭورا.

Derrière, *deffer* دڤر.

Descendre, (imp.) *'ahoua* اهوا ; (aor.) *ihoua* يهوا, (n. v.) *ihouai* يهواي (rac. ar. هوى).

Dessous, *addai* اڏاي.

Dessus, *ennedj* انجْ ; *denneg* دنْڭ.

Dette, *merouas* مرواس, pl. *imerouasen* يمرواسن.

Deux, *sen* سن, fém. *sent* سنت. Deux bœufs : *sen n ifounasen* سن ان يفوناسن. Deux lionnes : *sent n touarin* سنت ان توارين (voir Notes gram., p. 31).

Deuxième, *oui s sen* ويس سن, fém. *ti s sen* تيسى سن (voir Notes gram., p. 33).

Dieu, *ajellid amok'ran* ازْليد امقْران, mot à mot : roi grand. O Dieu, ô prophète, *ai ajellid amok'ran, ai iser* اي ازْليد امقران اي يسر.

Dîner, *mensi* منسي, pl. *imensioun* يمنسيون.

Dire, (imp.) *eml* امل ; (aor.) *imlou* يملو ; (n. v.) *imlaï* يملاي.

Divorce, *illaf* يلّاف.

Divorcer, (imp.) *ellef* الّف ; (aor.) *illef* يلّف ; (n. v.) *illaf* يلّاف.

Dix, *sen n ifessen* سن ان يفسّن.

Doigt, *toukodh* توكض, pl. *itoukadh* يتوكاض.

Domestique, *nilti n taddart* نيلتي ان تدّارت, mot à mot : gardien de la maison.

Don, *temar'iout* تمارْيوت.

Donner, (imp.) *efk* افكْ ; (aor.) *ifkou* يفكو ; (n. v.) *ifkai* يفكاي.

Dormir, (imp.) *et'l'es* اطْس ; (aor.) *il't'es* يطْس ; (n. v.) *et'l'es* اطْس.

Dos, *oukrim* وكريم, pl. *ikerman* يكرمان.

Dot, *'ennek'd* النّقد, pl. *ennek'oud* النّقود (ar.).

Doucement, *achchar achchar* اشّار اشّار.

Doux, *ioumoum* يوموم.

Droite (à), *fous* فوس. Main droite, *oufes afousai* وفس افوساي.

Dur, *ik'k'er* يقّر.

E

Eau, *amen* امن.

Éclair, *ouseman* وسمان.

Éclairer, (imp.) *sir'* سيغ ; (aor.) *isir'* يسيغ ; (n. v.) *lesir'i* تسيغي.

Éclipse de lune, *touar'it n dziri* توافيت ان دزيري.

Éclipse de soleil, *touar'it n toufout* توافيت ان ٮوفوت.

École, *elmekteb المكتب, pl. *elmekaleb المكاتب (ar.).

Écorce, tilemit تلمیت, pl. telemai تلماي.

Écrire, (imp.) ari أري; (aor.) iouri يوري; (n. v.) tira تيرا.

Écriture, tira تيرا.

Écuelle en bois, aoudjra اوجرا, pl. ioudjrain يوجراين.

Écurie, *roua روا, pl. rouaouat رواوات.

Effets, ik'ebbach يقبّاش.

Effrayer, (imp.) sougged سوكّد; (aor.) issougged يسوكّد, tesougdi تسوكّدي.

Égorger, (imp.) er'res اغرس; (aor.) ir'res يغراس; (n.v.) ir'ras يغراس.

Égratigner, (imp.) egmez اكمز; (aor.) igmez يكمز; (n. v.) igmaz يكماز.

Empan, imi n ouchchen يمي ان وشن, mot à mot : la bouche du chacal; en ar. vulg. même expression : فم الذيب.

Enceinte (femme), s tiddist ستدیـ ... ت, mot à mot : avec le ventre (ar. بالكرش).

Encore, alimira اليميرا (spécial à Ifren). Il vit encore : alimira idder اليميرا يدّر. En tamachek': anemir.

Enfant, bouchil بوشيل, pl. ibouchilen يبوشيلن.

Enfantement, taroua تروا.

Enfanter, (imp.) erou أرو; (aor.) tourou تورو; (n. v.) taroua تروا.

Enfants (en général), taroua تروا.

Petits enfants : *eldzzara العزّارا (cf. عزري).

Enfoncé, *ider'rek' يدغرق (ar. غرق).

Enfuir (s'), (imp.) erouel. V. Fuir.

Enlever, et't'ef اطّف; (aor.) il't'ef يطّف; (n. v.) it't'af يطّاف.

Entasser, |djerr جرّ; (aor.) idjerrou يجرو.

Entendre, (imp.), sel سل; (aor.) islou يسلو; (n. v.) islai يسلاي.

Enterrer ou être enterré, nt'el نطل; (aor.) int'el ينطل.

Entrailles, adoun ادون, pl. adan ادان.

Entrave (pour les chevaux), maous ماوس, pl. imouas يموس.

Entre, agar اكّار; entre eux, agarasen اكّاراسن.

Entrer, (imp.) ekm اكم; (aor.) ikmon يكمو; (n. v.) ikma يكما; (imp.) atef اتف, ioutef يوتف; (n. v.) outouf وتوف.

Envoler (s'), (imp.) efer افر; (aor.) ifrou يفرو; (n. v.) tefiri تفيري.

Épaule, tar'rout تغروت, pl. tar'retin تغرتين.

Épi, tidrit تيدريت, pl. tidrin تيدرين.

Épine, tadra تدرا, pl. tedriouin تدريوين.

Épouser, (imp.) nedjef نجف; (aor.) indjef ينجف; (n. v.) tenedjift تنجيفت.

Escalier, aderrou ادرّو, pl. aderriouin ادرّيوين.

Esclave, agnaou اكّناو, de جناوة; (collect.) ichemdjan يشمجان. Le même mot est employé pour « nègre ». Cf. R. Basset, Les noms des métaux et des couleurs, p. 29-31.

Est, *cherk' شرق.

Étang, agelmam اكّلمام, pl. igelmamen يكّلما من; tala تلا, pl. teliouin تليوين. Le mot agelmam désigne

une dépression de terrain acciden-
tellement remplie par les eaux de
pluie; c'est le غدير des Arabes.
Tala signifie « mare alimentée par
une source ».

Été, *nebdou* نبدو. En été : *di noudou*
دي نودو.

Éteindre une lampe, (imp.) *sens*
سنس; (aor.) *isens* يسنس; (n. v.)
lesensi تسنسي, forme factitive
de *ens*, passer la nuit.

Éternuer, (impr.) *enzou* انزو; (aor.)
inzou ينزرو; (n. v.) *tenezoui* تنزوي.

Étincelle, *fel'ioudj* فطيوج, pl. *ifel'iou-
djen* يفطيوجن.

Étoile, *itri* يتري, pl. *itran* يتران.

Étourneau, *abezouich* ابزويش, pl.
ibezouichen يبزويشن.

Étranger, *s ioudan iaïf* سيودان ياط
mot à mot: de gens autres.

Être, (imp.) *eli* الي; (aor.) *illa* يلّا;
(n. v.) *tilli* تيلي.

Éveiller, (imp.) *sekker* سكّر; (aor.)
isekker يسكّر; (n. v.) *tesekri*
تسكري (littér.: faire lever, en arabe
نوّض).

Éveiller (s'), (imp.) *ekker* اكّر; (aor.)
ikker يكّر; (n. v.) *tikri* تكري (littér.:
se lever).

Éventail, *takhefaft* تخفافت, pl.
tekhefafm تخفافين (rac. ar. خفّ).

F

Fable (conte), *tanfoust* تنفوست, pl.
tenfas تنفاس.

Face (en), *almendad* المنداد.

Facile, *irt'ob* يرطب (ar.).

Fade, *ilam* يلام.

Faible, *anh'if* نحيف, pl. *inh'ifen*
ينحيفن.

Faim, *laz* لاز.

Faim (avoir), (imp.) *elloz* الوز; (aor.)
illouz يلوز; (n. v.) *laz* لاز.

Faire, (imp.) *eg* اڭ; (aor.) *igou* يڭو;
(n. v.) *tiggi* تيڭي.

Farine, *aren* ارن.

Farine d'orge grillé, *asouik* اسويك.

Fatigué, *ih'ell* يحلّ (ar. حلّ, avoir
des douleurs par suite de fatigue).

Faucille, *medjer* مجر, pl. *imegren*
يمڭرن.

Faut (il), *la boudd* لا بدّ (ar.).

Femelle, *tantait* تنتايت, pl. *ten-
tain* تنتايين (ar. انثى).

Femme *temet't'oul* تمطّوت, pl.
lesednan تسدنان.

Fenêtre, *tekamourt* تكامورت, pl.
tekoumar تكوما ر.

Fenouil, *besbas* بسباس.

Fer, *ezzel* أزّل (v. René Basset, *Les
noms des couleurs et des métaux en
berbère*, p. 10-11).

Fermer, (imp.) *edri* ادري; (aor.)
idri يدرى; (n. v.) *tederoui* تدروي.

Fétide, *itefouh'* يتفوح (rac. ar. فاح).

Feu, *temsi* تمسي; *tfaout* تفاوت.

Feuille, *tafrit* تفريت, pl. *tefra* تفرا.

Fève, *aouen* أون (collect.).

Fiancé, *aclï* أصلي, pl. *iclien* يصلين.

Fiancée, *tsilout* تسيلوت, pl. *tese-
latin* تسلاتين.

Fiel, *tamerrart* تمرّارت (ar. مرارة).

Figue fraîche, *mel'chi* مطشى, pl.
imchan يمشان; *mot'k* مطك, pl.
imot'ken يمطكن.

Figue sèche, *tazart* تزارت.

Figue verte tombée, *fergous* فرڭوس,
pl. *ifergas* يفرڭاس.

Figuier, *temot'chii* تمطشيت, pl.
temot'chin تمطشين; — *temdit*
تمدايت, pl. *temdai* تمدايت.

Figure, *oudem* ودم, pl. *oudmaoun* ودماون.

Fil, *tenelli* تنلّي, pl. *tenellouin* تنلّوين.

Filer, (imp.) *ellem* ألّم; (aor.) *illem* يلّم : (n. v.) *tilemi* تلّمي.

Fille, *illi* يلّي, pl. *issi* يسّي.

Fille (petite), *tebouchilt* تبوشيلت, pl. *tebouchilin* تبوشيلين.

Fils, *memmi* ممّي, pl. *ara* ارا. Devant un nom propre : *Ou* او, pl. *At* ات. *At Ifren* أت يفرن, les fils d'Ifren, les Beni Ifren. *Ara* s'emploie également devant les noms propres : *Ara Amour* ارا عمور, les *Oulad Amour*, du thème R OU, enfanter.

Flamme, *chad* شاع (ar.).

Fleur, *nouar* نوار (ar.). Fleur du palmier mâle : *amerçit'* امرصيط.

Flûte, *tebga* تبڭا, pl. *tebgiouin* تبڭيوين.

Foie, *tousa* توسا (Ifren), *akerra* اكرّا.

Foin, *aourl'oun* اورلّون.

Fois, *tikkelt* تيكّلت, pl. *tikal* تيكال.

Folie, *tebidoua* تبيدوا.

Fondre, (imp.) *lemoumi* لمومي; (aor.) *ilemoumi* يلمومي; (n. v.) *talemmoumi* تلمومي.

Fontaine (bâtie), *tasseball* تسبّالت, pl. *lesebbalin* تسبّالين (arabe سبّالة).

Force, *eldjehd* الجهد.

Force (de), *s ar'ell* ساغلّ ou *s ar'ill* ساغيل, mot à mot : avec le bras.

Forgeron, *iteddi* يتدّي, pl. *iteddiin* يتدّيين.

Fort (gros), *izouer* يزور.

Fortune, *dounit* دونيت, *igermilen* يڭرميلن. Ce mot, employé pour désigner l'argent monnayé, est

tiré du verbe *germel*, bourrer, farcir. *Aitli* يتلي, biens.

Fossé, *ouk'dou* وقدو, pl. *ik'diin* يقدين. Le sens propre du mot est « trou ».

Fou, *beddiou* بدّيو, pl. *ibeddiouen* يبدّيون.

Fou (être), (imp.) *beddou* بدّو; (aor.) *ibiddou* يبيدّو; (n. v.) *tebiddou* تبيدّو.

Fourche, *mail'ou* مايطو, pl. *imait'a* يمايطا.

Fourmi, *teget'eft* تڭطفت, pl. *legel'fin* تڭطفين.

Fourneau, *nouel* نول, pl. *inouelen* ينولن.

Fourneau (portatif), *temedjmert* تمجمرت, pl. *temedjmarin* تمجمارين (مجمر ar.).

Frapper, (imp.) *eouet* وت; (aor.) *iouel* يوت et *iougat* يوڭات; (n. v.) *tita* تيتا.

Frère, *roumm* رومّ, pl. *aitma* ايتما. Le mot *roumm* est, je crois, l'équivalent exact du mot *egma* et de *r'mi* des Zenaga du Sénégal. Il dériverait des deux thèmes R OU (enfanter) et M (idée de maternité) et signifie, comme *egma*, fils de la mère.

Friche (en), *h'ail* حايل (ar.).

Froid (subst.), *differ* ديفر. Ce mot, employé par extension pour désigner le froid, signifie proprement « froid du matin à la suite de gelée ».

Froid (adj.), *isemodh* يسمض, pl. *semodhen* سمضن.

Fromage, *qisi* ڭيسي.

Fromage pressé, *tamdsourt* تمسورت (عصر rac. ar.).

Front, *arnai* ارناي.

Fruits, *elfakiet* الفاكيت (فاكية ar.).

Fuir, (imp.) *erouel* ارول; (aor.)
تارولا; (n. v.) *taroula* يرول.

Fumée, *doukhan* دخان (ar.).

Fumier, *zinoz* زينز.

Fusil, *tamerout* تمروت, pl. *temerouin*
تمروين (de l'ar. عمر); — *teboun-dak't* تبُندقت, pl. *teboundak'in*
تيبندا قين; — *tan-fakhet* تنفاخت (ar. بندقة), pl. *tenfakhin*
تنفاخين (rac. ar. نفخ).

G

Gagner, (imp.) *efad* افاد; (aor.) *ifad*
يفاد; (n. v.) *tifedi* تيفدي (ar. فاد).

Gale, *eldjerb* الجرب (ar.).

Garçon, *bouchil* بوشيل, pl. *ibouchi-len* يبوشيلن.

Garder les troupeaux, (imp.) *sefred*
سفرد; (aor.) *isefred* يسفرد; (n. v.) *teferdi* تفردي.

Gare! *r'erek* غرك, à toi (en arabe
اشف; *echchef* عندك).

Gauche, *zelmat'* زلمط.

Gauche (à), *af zelmat'* اف زلمط.

Gazelle, *zerzer* زرزر, pl. *izerzeren*
يزرزرن.

Gendre, *ergaz n illis* ارݣاز ان يليس, mot à mot : mari de sa fille.

Genêt épineux, *ouzzou* وزو.

Genêt du Sahara, *telougget* تلوݣت.
En arabe رتم.

Genou, *oufed* وفد, pl. *ifedden* يفدن.

Gens, *ioudan* يودان.

Gerbe, *tegout'ait* تݣطايت, pl. *te-gout'ain* تݣطاين (ar. قشة).

Glace (miroir), *tisit* تيسيت, pl. *tisitin* تيسيتين.

Glisser, (imp.) *selouledh* سلولض;
(aor.) *iselouledh* يسلولض; (n. v.) *tesoullait'* تسولايط.

Glousser, (imp.) *gazzet'* ݣزط; (aor.)
tegazzet' تݣزط; (n. v.) *tegazzit* تݣازيط.

Gorge, *tegourjema* تݣرزما, pl. *teger-jemiouin* تݣرزميوين (arabe vulg. قرجومة).

Gourmand, *illet irkha* يتّت يرخا, mot à mot : il mange beaucoup.

Goûter, (imp.) *ent'i* انطي; (aor.) *int'i*;
(n. v.) *tenet'oui* تنطوي.

Goutte, *'touk't'irt* تقطيرت, pl. *tek't'irin* تقطيرين (arabe قطرة).

Graine (semence), *aifs* ايفس.

Grains (céréales), *mendi* مندي.

Grand, *amok'ran* اسقران, pl. *imo-k'ranen* يمقرانن.

Grand (être), *mok'k'or* مقّر, pl. *mek'k'ourt* مقّورت.

Grande, *tamok'rant* تمقرانت, pl. *temok'ranin* تمقرانين.

Graude (être), *mok'k'rit* مقّريت.

Grandir, (imp.) *emr'er* امغر; (aor.)
imr'er يمغر; (n. v.) *imr'ar* يمغار.

Grappe, *teziouait* تزيوايت, pl. *te-ziouain* تزيواين.

Gras, *achettar* اشتّار, pl. *ichettaren* يشتّارن.

Greffer, (imp.) *t'adzi* طدزي; (aor.)
il'adzi يطدزي; (n. v.) *t'idzi* طيدزي.

Grêle, *ikerrain* يكرّاين, pl. de *akerra* اكرّا, caillou roulé.

Grenade, *'armoun* ارمون, pl. *irmou-nen* يرمونن (ar. رمانة).

Grenadier, *'tarmount* تارمونت, pl. *'termounin* ترمونين.

Grenouille, *tadjerout* تاجروت, pl. *tadjriouin* تاجريوين.

Griffe, *ichcher* يشّر, pl. *ichcharen* يشّارن.

Griller, (imp.) *aref*; (aor.) *itaref*
تيرڤ (n. v.) *tirfi* ; يتارڤ.

Gros, *zouer* زور, pl. *izouaren* يزروارن.

Grotte, *irdji* يرجى, pl. *irdjanen* يرجانن.

Guerre, *imenr'an* يمنغان, pl. *imenr'iouen* يمنغيون ; rac. *enr'*, tuer.

H

Habile, *iah'deq* يحدق (ar.).

Habillement, *irouat'* يرواط (collect.).

Habiller (s'), (imp.) *aret'* ارط ; (aor.) *iret'* يرط ; (n. v.) *irat'* يراط.

Habitant, *amezdar'* امزداغ, pl. *imezdar'en* يمزداغن.

Habiter, (imp.) *ezder'* ازدغ ; (aor.) *izder'* يزدغ ; (n. v.) *izdar'* يزداغ.

Habitude, *nami* نامي.

Habituer (s'), (aor.) *ennoum* انّوم ; (aor.) *innoum* يتّوم ; (n. v.) *nami* نامي.

Hache, *azelmat'* ازلماط, pl. *izelmat'en* يزلماطن.

Hachette, *tekoura* تكورا, pl. *tekouraouin* تكوراوين ; c'est le قادوم arabe.

Haie, *airour* ايرور, pl. *irouren* يرورن.

Haïr, (aor.) *ibr'edh* يبغض (ar.).

Hâter (se), (imp.) *ezreq'* ازرق ; (aor.) *izreq'* يزرق ; (n. v.) *tezerk'i* تزرقي.

Hâtif, *menzou* منزو, pl. *imenza* يمنزا, en parlant des fruits et des légumes.

Haut, *ikhoua* يخوا ; *meçdd* مصعد (arabe صعد).

Haut (en), *d enneg* دانّك, *meçddennag* مصعدنّك.

Herbe, *tiga* تيڤا (collect.). Les Arabes et leurs brebis cherchent l'herbe, *Ibiaten s tatten ensen teseggren af tiga* يبياتن ستاتن انسن تسڤرن اڤ تيڤا.

Hérisson, *insi* ينسي, pl. *insiin* ينسيين.

Heureux, **amebkhout* امبخوت, pl. *imebkhat* يمبخات (arabe بخت).

Hier, *sennat'* سنّاط. Avant-hier, *idennat'* يدنّاط, *assit'en* اسيطن.

Hirondelle, *tefidlest* تفيدلست, pl. *tefidellas* تفيدلاس.

Histoire, *tanfoust* تنفوست, pl. *tenfas* تنفاس.

Hiver, **tegrest* تڤرست, pl. *tegras* تڤراس (rac. ar. قرس, avoir froid).

Homme, *ergaz* ارڤاز, pl. *irgazen* يرڤازن ; *aterras* اترّاس, pl. *iterrasen* يترّاسن.

Hôte, **amzour* امزور, pl. *imzouren* يمزورن, littér. : celui qui rend visite (rac. ar. زار).

Huile, *di* دي. Huile à brûler : *di n iounir* دي ان يونير, mot à mot : huile de lampe.

Humide, *ibzeg* يبزڭ (en parlant des vêtements, de l'herbe). Pour le temps, on emploie le mot *tagout* تاڤوت, brouillard. La journée est humide, *ass dis tagout* اسّ ديس تاڤوت, mot à mot : le jour dans lui brouillard.

Humilier, *igou r'efi ar'ell* يڭو غفي اغلّ, mot à mot : il a fait sur moi le bras, la force.

Hyène, *fis* فيس, pl. *ifisan* يفيسان.

I

Ici, *dah* دَ. Viens ici, *as ed in dah* اسدين دَ. Il est ici, *illa dah* يلّا دَ. D'ici, *siah* سياَ, Va-t'en d'ici, *ougour siah* وڭور سياَ.

Ignorer, *oul issen* ول يسّن.

Ile, **tedziret* تدزيرت, pl. *tedzirin* تدزيرين (ar. جزيرة).

Imbécile, beddiou بدّ يو, pl. ibeddioun يبدّيون.

Impoli, ir'f ennes ik'k'er يغف انس, يقّر, mot à mot : sa tête est dure.

Impossible, oul itissi ول ينيسي, mot à mot : il ne sera pas.

Impôt, *elmiri الميري.

Incendie, tirer'i تيبرغي ; (n. v. de la forme primitive ارغ) ; teserer'i تسرغي (n. v. de la forme facitive سرغ).

Index, loukodh alah'as توكض الحاس, le doigt qu'on lèche.

Injurier, inel't'er aoual وينطر اوال, mot à mot : il jette les paroles (cf. rac. ar. نثر).

Inférieur, amaddai امدّاى.

Injures, aoual amáfoun اول امعفون.

Injuste, *adjebbari اجبّاري, pl. idjebbariin يجبّاريين (ar. جبّار).

Insecte, touglizet تُكْليزت, pl. teglizin تُكليزين ; khoukhouch خوخوش, pl. ikhoukhouchen يـخوخوشن.

Instant (à l'), tirou تيرو.

Instruire, (imp.) *selmed سلمد ; (aor.) iselmed يسلمد ; (n. v.) *selmed سلمد (forme facitive de *elmed المد, apprendre).

Instruit, temouseni تموسني, rac. essen اسن, savoir.

Insurger (s'), ikhoua ir'f ennes يـخوا يغف انس, il a levé sa tête.

Insurrection, ikhouai n ir'f اخواي ن يغف, ان يغف, action de lever la tête.

Interroger, (imp.) sesten سستن ; (aor.) isesten يسستن ; (n. v.) sesten سستن.

Intestin, adoun ادون, pl. udan ادان.

Introduire, (imp.) sekm سكم ; (aor.) isekm يسكم ; (n. v.) sekmi سكمي, forme facitive de ekm, entrer.

Ivoire, tamdast تمداست, pl. temdasin تمداسين.

Jadis, abeda ابدا.

Jalousie, *ih'zar يـحزار.

Jaloux (être), (imp.) *h'azzer حزّر ; (aor.) *ih'azzer يـحزّر ; (n. v.) *ih'zar يـحزار (ar. vulg. حزر, surveiller).

Jamais, temeddourt ennou تمدورت انو, mot à mot : « de ma vie » ; c'est l'expression arabe عمري.

Jardin, tedjemmi تـجمّي, pl. tedjemmiouin تـجمّيوين et tedjemma تـجمّا.

Jarre, tajerrabt تـزّربت, pl. tidjerabin سجرابين.

— pour l'huile, tagerrimt تكّريمت, pl. tegerrimin تكّريمين.

Jarret, *aárk'oub اعرقوب (ar.).

Jaune, aourar' اوراغ, pl. iourar'in يوراغين.

Jeter, (imp.) ekli اكلي ; (aor.) ikli يكلي ; (n. v.) iklai يكلاي, ent'er انطر ; (aor.) int'er ينطر.

Jeu, ourar ورار.

Jeun (à), oul itchou ول يـچو, mot à mot : il n'a pas mangé. En ramadhan, pour dire qu'on n'a pas encore rompu le jeûne, on emploie l'expression suivante : oul erzir' tenzar n chit'an ول ارزيغ تنزار ان شيطان, je n'ai pas encore cassé le nez du diable.

Jeune, *ázeri عزري, pl. idzeriin يعزرييـن (ar.) ; mechek مشك, pl. mechouket مشوكت (verbe d'état : être petit) ; — achemiti اشميتي, pl. ichemitiin يشميتيـيـن (cf. ar. vulg. شمـاتة).

Jeûne, *zoumi زومي (ar. صوم).

Jeûner, (imp.) *zoum زوم ; (aor.) *izoum يزروم ; (n. v.) *zoumi زومي (rac. ar. صام).

Joindre, (imp.) sesser سسّر ; (aor.) isesser يسسّر ; (n. v.) sesser سسّر.

Jonc, ajertil أژرتيل, pl. ijertilen يژرتيلن.

Joue, *elkhedd الخدّ (arabe).

Jouer, (imp.) ourar ورار ; (aor.) iourar يورار ; (n. v.) ourar ورار.

Jong, zaglou زاڭلو ; pl. izagla يزاڭلا.

Jour, ass أسّ, pl. oussan وسّان.

Juif, oudai وداي, pl. oudain ودابن.

Jujubier sauvage, tezougert تزوڭرت, pl. tezegrin تزڭرين.

Jumeau, akniou اكنيو, pl. ikniouen يكنيون.

Jument, ter'ellet تغلّت, pl. ter'ellin تغلّين.

Jurer, (imp.) eggel أڭّل ; (aor.) iggel يڭّل ; (n. v.) iggal يڭّال.

L

Là, dous دوس. Il y a là un puits, tella dous tanout تلّا دوس تانوت De là, sious سيوس De là, continue ta route, tu arriveras à … : sious erni d brid alased in سيوس ارني دبريد اتاسد ين.

Labour, tirza تيرزا.

Labourer, (imp.) ekrez اكرز ; (aor.) ikrez يكرز ; (n. v.) tirza تيرزا Tekirza pour « culture en général ».

Laboureur, akerraz اكرّاز, pl. ikerrazen يكرّازن.

Lac, agelmam اڭلمام, pl. igelmamen يڭلمامن (voy. Étang).

Lâcher, (imp.) ellef الّف ; (aor.) illef يلّف ; (n. v.) illaf يلّاف.

Laid, oul iah'li ول يحلي, fém. oul tah'li ول تحلي.

Laine, toudeft توودفت. Laine lavée et préparée pour être filée, oustou وستو. Laine filée, oulman ولمان.

Laisser, edj أج ; (aor.) idjou يجو.

Lait, *ah'alib اخليب (ar.).

Lait aigre, ar'i اغي.

Lampe, *iounir يونير, pl. *inaren ينارن (cf. rac. ar. نار).

Langue, iles يلس, pl. ilsaoun يلساون.

Large, *idril' يعريط (rac. ar. عرض).

Larme, amel'ta امطا, pl. imel'l'aoun يمطاون.

Latrines, dideban ديدبان.

Laver, (imp.) sired سيرد ; (aor.) isired يسيرد ; (n. v.) sired سيرد.

Lavé (propre), irid يريد.

Léger, *ioukhfif يخفيف (ar.).

Légume, ar'emma اغما, pl. ir'main يغماين.

Lendemain (le), an jetcha ان ژچا.

Lequel, mammou مامّو, fém. manet مانت.

Lettre, *tekardha تكارضا, pl. tekardhiouin تكارضيوين (arabe vulg. كارطة).

Levain, temira تميرا.

Levant, allai n toufout الاي ان توفوت, lever du soleil.

Lever (se), (imp.) ekker اكّر ; (aor.) ikker يكّر ; (n. v.) ekkar اكّار.

Lever (du jour), tasekkirt تسكّيرت.

Lèvre, anbour انبور, pl. anbouren انبورن.

Lézard, avhermechan اشرمشان, pl. ichermechan يشرمشان (Dans le sud, on appelle شرشمان le lézard connu sous le nom de « poisson de sable »).

—jecko, *tazelmoumouit* تزلمومويت, pl. *tezelmoumouin* تزلموموين (ar. vulg. زرمومية).

Lie d'huile, *amerdjin* امرجين.

Liège, *lakhefafet تخفافت (ar.).

Lier, (imp.) *ak'k'en* أقن ; (aor.) *iouk'k'en* يوقن ; (n. v.) *ik'k'an* يقان, *ouk'k'oun* وقون.

Lieu, *amkan امكان, pl. *imkanen يمكانن (ar.).

Lièvre, *tirzezt* تيرززت, pl. *tirzaz* تيرزاز.

Limite, *agmir* اكمير, pl. *igmiren* يكميرن, signifie « tas de pierres servant de bornes » (en ar. vulg. قميرة).

Lion, *ouar* وار, pl. *iouaren* يوارن.

Lionne, *touart* توارت, pl. *touarin* توارين. Cf. *eher* ⵔ des Aouelimmiden, fém. *tahert* ⵜⵔⵜ et le nom primitif de la Tiaret moderne, *Tahert* تاهرت, *Tihert* تيهرت. Voir, à propos de la fondation de Tahert, la légende du lion qui surgit sur l'emplacement de cette ville (*Afrique*, d'El-Bekri, p. ٦٨) et celle de la bête fauve emportant ses petits sous les yeux d'Abd-er-Rah'man ben Rostem et de ses compagnons (Masqueray, *Chronique d'Abou Zakaria*, p. 50). Au sujet des transformations subies par le mot berbère signifiant « lion », il m'a paru intéressant de citer le passage suivant du *Kitab es-Siar* de Chemmakhi : ومنهم يصلتن بن عبد الرحيم هولاء من بنى زمان وهم من ذرية بيران عامل الامام عبد الوهاب دار علم وتقى .... وتقدم التعريف ببيران ويكتب بياءين الاولى مكسورة وبعضهم يكتبه بهمزة مكسورة وهو

القياس والصواب ان شاء الله .... ومعنى ايران جمع آر وهو الاسد بالبربرية (*Kitab es-Siar*, Le Qaire, 1301 hég., in-8, p. 492) : « Parmi eux, Is'alten ben Abd-er-Rah'im. Ces personnages étaient des Beni Zouman, de la descendance d'Iran, amel de l'imâm Abd-El-Ouahhab. C'est une famille où la science et la piété étaient de tradition. Une notice précédente a été consacrée à Iran. Ce nom s'écrit par deux *ia* dont le premier a la voyelle *i* ; d'autres l'écrivent avec un hamza mû par la voyelle *i* : c'est l'orthographe logique et vraie, s'il plaît à Dieu... *Iran* est le pluriel de *ar*, mot qui signifie « *lion* » en berbère. »

Lire, (imp.) *âzem عزم ; (aor.) *idzem ; (n. v.) *elâzem العزم (ar.).

Lisse, *alessas* السّاس.

Lit en bois sur tréteaux, *souddet سُدّت, pl. *tesediouin تسديوين (ar. ة.سـ).

Loin, *ibâd يبعد (ar.).

Long, *azegrar* ازّكرار, pl. *izegraren* يزّكرارن.

Longtemps, *silemmi* سيلمّي. Il n'est pas venu depuis longtemps, *silemmi oul d iousou* سيلمّى ول ديوسو.

Longueur, *zegret* زّكرت.

Lorsque, *alemmi* المّى (avec le futur) ; *si* سى (avec le passé). Lorsque tu voudras, *alemmi ter'sed* المّى تغسد.

Louche, **azah'ouel* ازّحول, pl. *izah'oualen* يزّحولن (ar. احول).

Louer, (imp.) *exri اكري ; (aor.) *iχri يكري ; (n. v.) *elkeri الكري (ar. كرى).

Lourd, *izza* يزّا, pl. *ezzan* ازّان.

Lourd (être), (aor.) *izza* يزّا ; (n. v.) *tizzi* تيزّي.

Lumière, *tfaout* تفاوت. Cf. R. Basset, *Étude sur les dialectes berbères*, p. 60-63.

Lune, *ouier* ويّر, pl. *iaren* يارن.

M

Mâchoire, *addjai* اجّاي, pl. *iddjain* يجّاين.

Maçon, *açochai* اصشاي, pl. *içochain* يصشاين (racine *ecch* اصش, bâtir).

Magasin à grain, *temidelt* تميدلت, pl. *temidal* تميدال. Ce mot correspond au mot arabe غرفة, employé pour désigner une chambre servant de magasin.

Maigre, *anh'if* انحيف, pl. *inh'ifen* ينحيفن (arabe نحيف, mince, grêle).

Main, *oufes* وفس, pl. *ifessen* يفسن. Main droite, *oufes afousai* وفس افوساي. Main gauche, *oufes azelmat'* وفس ازلماط. Le mot *oufes* est employé dans le système de numération des Nefousa pour exprimer le nombre cinq (v. Notes grammaticales, p. 31 et suiv.).

Maintenant, *tirou* تيرو.

Maïs, *tâbidit* تعبيديت. C'est le mot arabe عبيدية employé dans le même sens en Tunisie.

Maison, *taddart* تدّرت, pl. *tiddar* تيدّار. La cour de la maison, *alemmas n taddart* الماس ان تدّرت.

Mal, *cherr'* شرّ (ar.).

Malade (être), (imp.) *at'en* اطن; (aor.) *iout'en* يوطن; (n. v.) *at'an* اطان.

Malade, *iout'en* يوطن.

Maladie, *at'an* اطان.

Mamelle, *bibbich* بيبّيش, pl. *ibibbichen* يبيبّيشن.

Manger, (imp.) *etch* اج; (aor.) *itchou* يجّو; (n. v.) *itchai* يجّاي et *utchou* وجّو.

Marais, *tasebakht* تسبخت, pl. *tisebakhin* تسباخين (ar. سبخة).

Marchand, *amzenzai* امزنزاي.

Marché, *souk'* سوق (ar.).

Marché (bon), *irkhes* يرخس (ar. كسد), *iksed* يكسد (ar. رخص).

Marcher, (imp.) *ougour* وكّور; (aor.) *iougour* يوكّور; (n. v.) *tagouria* تكّوريا.

Mari, *ergaz* ارݢاز, pl. *irgazen* يرݢازن, homme.

Mariage, *tendjift* تنجيفت, pl. *tendjifin* تنجيفين.

Marier (se), (imp.) *nedjef* نجف; (aor.) *indjef* ينجف; (n. v.) *tendjift* تنجيفت.

Marmite, *tougdirt* تݢديرت, pl. *tougdirin* تݢديرين (ar. قدرة).

Matin, *taji* ثاجي.

Maturité, *tioui* تيوي.

Mauve, *tebibi* تبيبي.

Mèche de lampe, *teftilet* تفتيلت, pl. *teftilin* تفتيلين (ar. فتيلة).

Mèche de cheveux, *djekourt* جكورت, pl. *djekirin* جكيرين (arabe شكيرة, toupet, mèche de cheveux).

Médecin, *amedaoui* امداوي, pl. *imedaouiin* يمداويين (rac. ar. دوى).

Melon, *tah'archait* تحرشايت, pl. *tih'archain* تحرشاين (rac. arabe حرش, être rugueux, rude au toucher).

Membre, *elmefçol* المفصل (ar.).

Membre viril, *abechchach* ابشّاش, pl. *ibechchachen* يبشّاشن (v. Uriner).

Mendiant, *ametrou* امترو, pl. *ime-tar* يمتار.

Mensonge, *tekerkas* تكركاس.

Menteur, *akerkas* اكركاس pl. *ikerkasen* يكركاسن.

Menthe sauvage, *ikhran n ouzan* يخران ان وزان, mot à mot : excréments de mouches. Cette singulière périphrase s'explique par la croyance répandue dans les oasis qu'il suffit de mettre en terre un morceau de corde couvert d'excréments de mouches pour faire pousser la menthe.

Mentir, (imp.) *skerkes* سكركس ; (aor.) *iskerkes* يسكركس ; (n. v.) *tekerkas* تكركاس.

Menton, *toumert* تُمرت, pl. *temira* تميرا.

Mer, *ilel* يلل, pl. *ililen* يليلن.

Mère, *emm* ام, pl. *tindemmi* تِندمّي.

Métier à tisser, *zel'l'a* زطّا.

Meule de paille, *arnan* ارنان, pl. *irnanen* يرنانن.

Meule à huile, *âk'a* عقا, pl. *iâk'ain* يعقاين.

— à grains, *tasirt* تسيرت, pl. *tesira* تسيرا.

Midi, *tizarnin* تزارنين (voir Notes gram., p. 36).

Miel, *tamemt* تاممت.

Milieu, *alemmas* الّماس.

Mille, *sen n ifessen n temil'iouin* سن ان يفسن ان تميطيون, mot à mot : deux (fois) cinq de cent (voir Notes gram., p. 31).

Millet, *ilni* يلني.

Moelle, *alel* الّل.

Moi, *nech* نش, *netch* نچ, *nich* نيش, *nichi* نيشي (voir, pour les pronoms : Notes gram., p. 17).

Moineau, *azerzour* ازرزور, pl. *izerzouren* يزرزورن. Ce mot signifie étourneau en arabe.

Mois, *ouier* ويّر, pl. *iaren* يارن. Le mot *ouier* est employé dans le système de numération des Nefousa pour exprimer le nombre trente (voir, pour les numératifs : Notes grammaticales, p. 31 et suiv.).

Moisson, *temegra* تمڭرا.

Moissonner, (imp.) *emger* امڭر ; (aor.) *imger* يمڭر ; (n. v.) *temegra* تمڭرا.

Moitié, *zegni* زڭني.

Mollet, *tacheh'al'* تشحاط, pl. *techeh'al'in* تشحاطين.

Monde, *dounit* دُنيت (ar. دنيا).

Monnaie (menue) *irek'ik'en* يرقيقن (ar.).

Montagne, *drar* درار, pl. *idourar-idraren* يدرارن et يدورار. Le Djebel Nefousa : *drar n Infousen* درار ان ينفوسن.

Montée, *târgoubet* تعرڭويت, pl. *târgoubin* تعرڭوبين (ar. عرقوب).

Monter, (imp.) *ali* الي ; (aor.) *iouli* يولي ; (n. v.) *allai* الاّي.

Monter à cheval, (imp.) *enni* انّى ; (aor.) *inni* ينّي ; (n. v.) *innai* ينّاي.

Montrer, (imp.) *seken* سكن ; (aor.) *iseken* يسكن ; f. hab. *sekken* سكّن ; (n. v.) *sekni* سكنى.

Mordre, (imp.) *edrem* ادرم ; (aor.) *idrem* يدرم (n. v.) *idram* يدرام.

Mort, *te-nettent* تمتّنت.

Mortier, *tidni* تِدني, pl. *tedniouin* تدنيوين.

Morve, *tekhnan* تخنان. *Ir'erbaben* يغربابن. Le premier de ces mots, à rapprocher de l'arabe vulgaire خنونة, désigne la matière liquide ; le second s'emploie pour la matière sèche.

Mosquée, *temesgida* تمسڭيدة, pl. *temesgidiouin* تمسڭيديوين (ar. مسجد).

Mot, *aoual* اوال, pl. *ioualen* يوالن.

Nom d'unité : *taoualt* تاوالت.

Motte de terre, *bersi* برسي, pl.
ibersa يبرسا.

Mouche, *ouzou* وزو, pl. *ouzan* وزان.

Moucher (se), (imp.) *enfer* انفر; (aor.)
infer ينفر; (n. v.) *tenefri* تنفري.

Mouchoir, *lamh'armet* تمحرمت,
pl. *temh'armin* تمحرمين (arabe
محرمة).

Moudre, (imp.) *ezdh* ازض; (aor.)
izdhou يزضو; (n. v.) *zadhi* زاضي.

Mouflon, *aoudad* اوداد, pl. *ioudaden*
يودادن.

Mouiller, *sboukhet* سبوخت; (n. v.)
tesboukhi تسبوخي (cf. rac. ar.
بخ).

Moulin à huile, *andour* اندور, pl.
indouren يندارن et *indar* يندورن.

— à grains, *tat'ah'ount* تطحونت,
pl. *tet'ah'ounin* تطحونين (arabe
طاحونة).

Mourir, (imp.) *met* مت; (aor.) *immet* يمت; (n.v.) *temettent* تمتنت.

Mouton, *aberkous* ابركوس, pl. *iber-
kas* يبركاس.

Muet, *abekkouch* ابكوش, pl. *ibek-
kach* يبكاش.

Mule, *elbor'let* البغلت (ar.).

Mulet *eïbr'el* البغل (ar.).

Mur (subst.), *marou* مارو, pl. *imarouin* يماروين.

Mûr (être), (aor.) *iouou* يوو; (n. v.)
tioui تيوي.

Musique (des nègres) faire la —, *sed-
bedô* سدبدب (ar.).

N

Nain, *adendjal* ادنجال, pl. *iden-
djalen* يدنجالن.

Naître, (aor.) *iloul* يلول : (fut.) *ailel*
ايلل; (n. v.) *taloulia* تلوليا.

Naissance, *taloulia* تلوليا.

Natte en joncs, *tejartilet* تثرتيلت,
pl. *tejertilin* تثرتيلين.

— en feuilles de palmier, *tesedjel*
تسجت, pl. *tesedjadin* تسجادين
(probablement de l'arabe سجادة).

Navet, *elleft* اللفت (ar.).

Ne... pas, *oul* ول, mis simplement
avant le verbe. Je ne veux pas
oul r'esser' ول غسغ. Après la 3ᵉ personne seulement et s'il s'agit d'un
absent, on fait suivre le verbe de
chi. Il n'a pas voulu : *oul ir'ess chi*
ول يغسّ شى.

Nègre, *agnaou* اكناو, pl. *ignaoun*
يكناون. *Agnaou* semble être l'ad-
jectif relatif de *Guenaoua* كناوة ou
Djenaoua جناوة. Le mot *ichemdj*
يسمج ou *isemdj* يشمج, employé
par les Beni Mzab, n'existe pas chez
les Nefousa; mais le pluriel *ichemdjan* يشمجان est usité chez eux
comme collectif : *tamourt' n ichemdjan* تمورط ان يشمجان, le pays
des nègres, le Soudan. Cf. R. Basset,
*Les noms des métaux et des couleurs
chez les Berbères*, p. 29-31.

Négresse, *taia* تايا, pl. *tiiouin* تييوين.
Cf. R. Basset, *op. laud.*, p. 32.

Neuf (nombre card.), *oufes d okkoz*
وفس د اكز, mot à mot : cinq et
quatre, une main et quatre.

Neuf (adj.), *atrar* اترار, pl. *itraren*
يترارن.

Nez, *tenzert* تنزرت, pl. *tenzar* تنزار.

Nid, *angou* انكو, pl. *ingouiin*
ينكويين.

Noce, *islan* يسلان.

Noir, *zet't'ef* زطف, et *azet't'af*
ازطاف, pl. *izet't'afen* يزطافن. Cf.
R. Basset, *Les noms des métaux et
des couleurs*, p. 28-29.

Noisette, *k'ark'our* قرقور.

Nom, *ism اسم, pl. *ismaoun* يسماون.

Nomade, *bab n birgen* باب ان بيبيرڭن, mot à mot : possesseur de tente, pl. *ibab n ibirgan* يباب ان يبيبرڭان.

Nombreux, *irkha* يرخا, pl. *erkhan* (rac. ar. اخى). Il y a là de nombreuses citernes, *illa dous issar'-r'en erkhan* يلا دوس يساغن ارخان.

Nombril, *temit'* تميط, pl. *temit'iin* تميطيين.

Non, *oulach* ولاش, *ouhou* وهو.

Nord, *ambah'ar* امبحر.

Nourrice, *temsenbit* تمسنبيت, pl. *temsenbiin* تمسنبيين.

Nourrir (allaiter), (imp.) *senbi* سنبي; (aor.) *tesenbi* تسنبي; (n. v.) *senbi* سنبى.

Nourriture, *outchou* وچو, de la racine *etch* اج, manger; *temeddourt* تمدورت, de la rac. *edder*, vivre.

Noyau, *r'ess* غسّ, pl. *ir'essen* يغسّن. Noyau d'olive, *oul* ول, pl. *allaoun* الأون.

Nu, *abesk'it'* ابسقيط, pl. *ibesk'iten* يبسقيطن (ar. سقط?).

Nuage, *iblem* يبلم, pl. *ibelmaoun* يبلماون.

Nuit, *iet'* يط, pl. *it'an* يطان. Dans la nuit : *di iet'* دي يط.

— (passer la), (imp.) *ens* انس; (aor.) *insou* ينسو; (n. v.) *insai* ينساي.

— (gite de), *temensiout* تمنسيوت.

Nuque, *elânfek'et* العنفقت.

O

O, *ia* يا; *ai* اي; *ia ouih* يا ويه : hé, un tel!

Objet, *ter'aousa* تغوسا, pl. *ter'aou-siouin* تغاوسيوين.

Obscurité, *tallast* تلاست. Cette nuit est obscure : *iiet' ouh tallast* يطوه تلاست, mot à mot : cette nuit obscurité.

Occident, *an ir'far n toufout* ان يغفار ان توفوت.

Odeur, *al'ou* اطو.

Œil, *t'it'* طيط, pl. *t'it'aouin* طيطاوين.

Œuf, *tezelak'out* تزلاقوت, pl. *tez-lek'atin* ترلقاتين (rac. ar. زلق); *taout'idt* توطيعت, pl. *taoutidin* توطيعين (arabe وضع).

Ogre, *zellouma* زلوما, pl. *izelloumen* يزلّومن.

Oignon, *zalim* زاليم, pl. *izalimen* يزاليمن.

Oiseau de petite race, *ajet'it'* اژطيط, pl. *ijet'it'en* يژطيطن.

— de grande race, *adbir* ادبير, pl. *idbiren* يدبيرن.

Olive, *azemmour* ازمّور (collect.). Une olive tombée, *tâmouit* تعمويت, pl. *tâmouin* تعموين.

Olivier, *tazemmourt* تزمّورت, pl. *lezemmourin* لزمّورين. Plant d'olivier, *tizzi* تيزّى, pl. *tizzouin* تيزوين.

Ombre, *'at't'oll* اطّل (arabe الظلّ).

Oncle paternel, *roummis n baba* رومّيس ان بابا, mot à mot : le frère du père.

Oncle maternel, *roummis n emmi* رومّيس ان امّي, mot à mot : le frère de la mère.

Ongle, *achcher* اشّر, pl. *ichcharen* يشّارن.

Onze, *sen ifessen ded sen* سن يفسّن دد سن, mot à mot : deux mains et nu (v. Notes gram., p. 31).

Or, *ourer'* ورغ.

Orange, *teborleganet تبرتڭانت, pl. bortzgan برتڭان (ar.tun.برتقان).

Ordure. zinoz زينز.

Oreille, temeddjit تمجّيت, pl. temeddjin تمجّين.

Oreilles (boucle d'), touinest توينست, pl. touinas تويناس.

Orge, t'amzin طمزين. Ce mot étant d'un usage assez fréquent pour être connu des Arabes, les Nefousa emploient entre eux, quand ils ne veulent pas être compris des étrangers. le mot tilessaou تلسّاو.

Orge en vert, brekh برخ.

Orphelin, goujil ڭوژيل, pl. igoujilen يڭوژيلن.

Orteil, tefouchit تفوشيت, pl. tefouchai تفوشاي.

Os, r'ess غش, pl. ir'essen يغسّن.

Oseille, tasemmamt تسمّامت, litt. : acide. On dit également en arabe حمّايضة et حمّيض, de la racine حمض, être acide.

Oter, (imp.) ekkes اكس ; (aor.) ikkes يكّس ; (n. v.) ikkas يكّاس.

Ou, ner' نغ.

Où, mani مانى. Où est-il? mani illa مانى يلّا. D'où, semani سمانى.

Oublier, (imp.) etta اتّا ; (aor.) itta يتّا ; (n. v.) ittai يتّاي.

Oui, hi هى ; *inām ينعم.

Outre (grande), *achebout' اشبوط, pl. *ichebt'a يشبطا (arabe vulg. شيبوطة).

— (petite), tazekkirt تزكّيرت, pl. tezkirin تزكيرين.

Ouvrir, (imp.) ar' ار ; (aor.) iourou يورو ; (n. v.) arrai آرّاي.

P

Paille, oulem ولم. Paille brisée, esefa اسفا.

Pain, ar'eroum اغروم. Un pain, tebābouit تنعبويت. Pain rassis, ar'eroum insou اغروم ينسو, mot à mot : pain qui a passé la nuit. On dit également, en arabe vulgaire, خبز بايت.

Paire, sen سن, deux. Le mot thaiouga des autres dialectes est inconnu chez les Nefousa. Ils emploient simplement le numératif deux : Je laboure avec une paire de bœufs, kerzer' af sen n ifounasen كرزغ اف سن ان يغوناسن.

Palme, toufa توفا, pl. toufaouin توفاوين. Brin de palme, tezouit تزويت, pl. tezouin تزوين.

Palmier, tezdit تزديت, pl. tezdai تزداي.

Panier (en halfa), tesounit تسونيت, pl. tesounai تسوناي.

— (en feuilles de palmier), taklout تكلوت, pl. tekloutin تكلوتين.

— (pour presser les olives), techamit تشاميت, pl. techoumai تشوماي.

Panthère, *anmeur انمر (ar.).

Papillon, *fort'out'ou فرطوطو (ar.).

Parents, oui irouen وي يرون, mot à mot : ceux ayant enfanté. Tes parents, oui k irouen ويك يرون. Leurs parents, oui ten irouen وي تن يرون.

Paresseux, *abekhil ابخيل, pl. *ibekhilen يبخيلن (ar. بخيل).

Parler, (imp) siouel سيول ; (aor.) isiouel سيول ; (n. v.) siouel سيول.

Parole, aoual اوال, pl. ioualen يوالن.

Partage, tezouni تزونى.

Partager, (imp.) z'un زون ; (aor.) izoun يزون ; (n. v.) tezouni تزونى.

Partir, (imp.) *ougour* وكُور ; (aor.) *iougour* يوكُور ; (n. v.) *tagouria* تكُوريا.

Pas, *tikli* تيكلي, pl. *tikliouin* تيكليوين.

Passé, *igdá* يكُدع.

Passer, (imp.) *egdá* أكُدع ; (aor.) *igdd* يكُدع ; (n. v.) *tagdai* تكُداي. Passer par, *efel* أفل ; (aor.) *iflou* يفلو.

Pastèque, *tadoulât* تدُلعت, pl. *tadoulâin* تدُلعين (ar. دلاعة).

Pâte (de farine d'orge, de figues et d'huile), *t'oummen* طومّن.

Paume de la main, *oudem n oufes* ودم ان وفس.

Pauvre, *azaouali* ازاوالي, pl. *izaoualiin* يزاواليين (ar. vulg. زوالي).

Payer, (imp.) *ezzol* أزّل ; (aor.) *izzol* يزّل ; (n. v.) *tazzeli* تازّلي.

Pays, *tamourt'* تمورط, pl. *temoura* تمورا.

Peau, *ouglim* وكُليم, pl. *iglimen* يكُليمن.

— de mouton, *tabet'tant* تبطانت, pl. *tebet't'anin* تبطانين (ar. بطانة).

Pêche, *elkhoukh* الخُوخ (ar.).

Peigne, *tamesrait* تمسرايت, pl. *temesrain* تمسراين.

Percer, (imp.) *sebourrâ* سبورّع ; (aor.) *isebourrâ* يسبورّع ; (n. v.) *tasebourdi* تسبورعي.

Perdre, (imp.) *sanber* سنبر ; (aor.) *isanber* يسنبر ; (n. v.) *tesanbri* تسنبري.

Perdrix, *tasekkourt* تسكُورت, pl. *tesekrin* تسكرين.

Père, *baba* بابا, pl. *ibaba* يبابا.

Père (beau-), *ansib* انسيب (ar.). *Baba n temet't'out* بابا ان تمطوت,

mot à mot : le père de la femme.

Peser, (imp.) *ezouel'* ازوط ; (aor.) *izouel'* يزروط ; (n. v.) *izouat'* يزرواط.

Petit, *amechkan* امشكان, pl. *imechkanen* يمشكانن.

Petit (être), *mechek* مشك, pl. *mechouket* مشوكت.

Petite, *tamechkanet* تمشكانت, pl. *temechkanin* تمشكانين.

Pétrir, (imp.) *eroui* اروي ; (aor.) *iroui* يروي ; (n. v.) *tiroui* تيروي.

Peu, *achchar* اشّار, *edrous* ادروس.

Peu à peu, *achchar achchar* اشّار اشّار.

Peur (avoir), (imp.) *agged* أكُد ; (aor.) *iougged* يوكُد ; (n. v.) *tiougdi* تيوكُدي.

Peur, *tiougdi* تيوكُدي.

Pied, *t'ar* طار, pl. *it'aren* يطارن.

Pierre, *dr'ar'* ادغاغ, pl. *idr'ar'en* يدغاغن.

Pierre à fusil, *tasaouant* تساونت, pl. *tesouanin* تسوانين (arabe صوانة) *temisi* تميسي, pl. *temisiouin* تميسيوين.

Pieu, *t'oualet* طوالت, pl. *at'oual* اطوال (ar.).

Pigeon sauvage, *adbir n azrou* ادبير ان ازرو, mot à mot : oiseau de rocher.

Pioche, *agelzim* اكُلزيم, pl. *igelzimen* يكُلزيمن.

Piquet, *sagel* ساكُل, pl. *isougal* يسوكُال. La racine de ce mot est *agel*, accrocher. Il désigne spécialement le piquet que l'on plante dans le mur d'une chambre pour y suspendre les vêtements.

Pis, *tanr'i* تنغي, pl. *tanr'iouin* تنغيوين.

Pistachier, *tijer't* تيْزَغت, pl. *tijer'in* تيزغين.

Planter, (imp.) *ezza* ازّا ; (aor.) *izza* يزّا ; (n. v.) *tizzi* تيزّى.

Plat en bois, *tazlift* تزليفت, pl. *tezlifin* تزليفين (pour deux personnes) ; *tezioua* تزيوا, pl. *teziouaouin* تزيواوين (plus grand que le précédent) ; — *douskou* دوسكو, pl. *idouskan* يدوسكان (pour plus de six personnes).

Plâtre, *imchem* يمشم.

Plein, *itechchar* يتنشّار.

Pleurer, (imp.) *r'erret* غرّت ; (aor.) *ir'erret* يغرّت ; (n. v.) *ler'errit* تغرّيت.

Pleuvoir, *iner'ell anzer* ينغلّ انزر, mot à mot : la pluie verse. Il pleut légèrement, *itebekhekh* يتبخخ (ar.) بخّ.

Pluie, *anzer* انزر, pl. *inzaren* ينزارن.

Pluie fine, *tebekhakh* تبخاخ.

Plume d'oiseau, *teboulboulet* تبولبولت, pl. *teboulboulin* تبولبولين.

Plumer, (imp.) *ettou* التّو ; (aor.) *ittou* يلتّو ; (n. v.) *ittaou* يلتّاو.

Plus, *oudjar* وجار. Plus que toi, *oudjar ennek* وجارنّك.

Poil, *zaou* زاو, pl. *izouggen* يزوقّن.

Poinçon, *isten* يستن, pl. *istenaoun* يستناون.

Poing, *doummicht* دوميشت, pl. *tedoummach* تدومّاش.

Poire, *faris* فاريس, pl. *ifarisen* يفاريسن.

Pois, *tanifit* تنيفيت, pl. *tenifin* تنيفين.

Poison, *essem* السّم (ar.).

Poisson, *trabit* تْرابيت, pl. *tirabitin* تيرابيتين.

Poitrine, *admer* ادمر, pl. *idmaren* يدمارن.

Poivre noir, *âdjemi* عجمي (ar.).

Poli, lisse, *alessas* السّاس, pl. *ilessasen* يلسّاسن.

Pomme, *deffou* دفّو, pl. *ideffa* يدفّا.

Pommier, *tadeffouit* تدفّويت, pl. *tideffouin* تدفّوين (cf. تفّاح).

Pondre, (imp.) *erou* ارو ; (aor.) *tourou* تورو ; (n. v.) *taroua* تروا.

Porte, *taourt* تاورت, pl. *touira* تويرا.

Porter, (imp.) *ekhoua* اخوا ; (aor.) *ikhoua* يخوا ; (n. v.) *ikhouai* يخواي.

Pot en terre pour boire, *tah'adouk't* تحدوقت, pl. *teh'adouk'in* تحادوقين.

— pour puiser, *ak'ebbouch* اقبّوش pl. *ik'ebchan* يقبشان (ar. vulg. قبوشة).

Pou, *tichchit* تيشّيت, pl. *tichchin* تيشّين.

Pou de chameau, *aft'it'* افطيط, pl. *ift'it'en* يفطيطن ; *tasellouft* تسلّوفت, pl. *tesellefin* تسلّفين.

Pouce, *toukodh azzouar* توكض ازّوار.

Poulain, *ar'edoui* اغدوي, pl. *ir'edouin* يغدوين.

Poule, *tegazet'* تّكازط, pl. *tegazit'in* تّكازيطين.

Pouliche, *tar'edouit* تغدويت, pl. *tar'edouiin* تغدويين.

Poulie, *taienna* تايّنّا, pl. *tiinouin* تيينوين.

Poumons, *toura* تورا.

Poupée, *tsilout n tebouchilin* تسيلوت ان تبوشيلين, mot à mot : fiancée de petites filles.

Pourquoi? *emmai* امّاي.

Pourri, *ikhemoumi* يخمومي (pour

la viande) ; *idfen يعفن (pour les fruits, les légumes et les grains) (racines arabes خمّ et عفن).

Poussière, tek'k'a تقّا.

Poussin, chichiou شيشيو, pl. ichi-chiouen يشيشيون.

Poutre, tesara تسارا, pl. tesariouin تساريوين (ce mot désigne une poutre formée par un tronc de palmier entier) ; — kouttou كوتّو, pl. ikouttan يكوتّان (quartier de palmier scié) ; tesennourt تسنورت, pl. tisennourin تسنورين (poutre en bois d'olivier).

Pouvoir, (imp.) k'oud قود ; (aor.) ik'oud يقود ; (n. v.) tek'oudia تقوديا.

Prairie, *elouledj الولج (ar.).

Précéder, (imp.) ezzar ازّار ; (aor.) izzar يزّار ; (n. v.) tezaria تزاريا.

Premier, amezouar امزوار, pl. ime-zouaren يمزوارن.

Prendre, (imp.) ar' اغ ; (aor.) iour'ou يوغو ; (n. v.) ar'r'ai اغّاي.

Près, r'er غر, r'erdis غرديس, près de lui, et r'erdisas غرديساس.

Présent, illa dah يلا داك, il est ici.

Présent (à), tirou تيرو.

Pressoir à huile, andour اندور, pl. indouren يندورن.

Pressurer les olives, (imp.) *sehoua سهوا ; (aor.) isehoua يسهوا ; (n. v.) tesehoui تسهوي, littér. : faire descendre (le liquide) ; (imp.) ak'res اقرس ; (n. v.) ik'res يقرس ; (n. v.) ik'ras يقراس.

Prêter, (imp.) erdel اردل ; (aor.) irdel يردل ; (n. v.) ardul اردال.

Prier, (imp.) *zal زال ; (aor.) izzoul يزّول ; (n. v.) tezallit تزلّيت.

Prière, *tezallit تزلّيت, pl. tezilla

tezillitin تزليلا et tezallitin تزليتنين (voir, pour les cinq prières, Notes gram., p. 36).

Printemps, *rebia ربيع.

Prise, it't'af يطاف et out'touf وطوف.

Prix, azel ازل. Quel est le prix de ceci? Mai azel n aiouh ماي ازل ان ايوه.

Profond, *ider'rek' يدغرق (ar.).

Promener (se), (imp.) ennet' انّط, (aor.) innet' يّنط ; (n. v.) innal' يّناط, littér. : tourner.

Promptement, tirou tirou تيرو تيرو.

Propre, *içfa يصفا (ar.), irid يريد.

Prostituée, tamefkait تمفكايت, pl. temefkain تمفكاين, qui se donne. On dit également, en arabe vulgaire, عطّاية.

Provision, *tenoubet تنوبت (ar. نوبة).

Prunelle, imemmi يمّمي, pl. imem-miin يمّميين.

Puce, kourdi كوردي, pl. ikourdan يكوردان.

Puceron, tebekhouchet تبخوشت, pl. tibekhouchin تبخوشين.

Puiser, (imp.) eggez اكّز ; (aor.) iggez يكّز ; (n. v.) tigzi تيكزي.

Puits, tanout نانوت, pl. tina تينا.

Punaise, *tabek'k'it تبقّيت, pl. *te-bek'atin تبقاتين (ar. بق).

Q

Quand? emmi امّي.

Quarante, ouier ded sen n ifessen وير دد سن ان يفسّن, mot à mot : un mois et deux mains (voir Notes gram., p. 31).

Quatorze, *sen n ifessen d okkoz* سن ان يفسّن د أكّز, deux mains et quatre (voir Notes gram., p. 31).

Quatre, *okkoz* أكّز (voir Notes gram., p. 31).

Quatre-vingts, *zegni n temit'i d ouier* زكّني ان تميطى دويّر, mot à mot : moitié de cent et une lunes (voir Notes gram., p. 31).

Quatrième, *oui s okkoz* ويس أكّز (voir Notes gram., p. 33).

Quelqu'un, *oudjoun* وجون.

Quenouille, *falchou* فالشو, pl. *ifalcha* يفالشا; *asekounedh* اسكونض, pl. *isekounedhen* يسكونضن.

Queue, *afettal* افتّال, pl. *ifettalen* يفتّالن.

Qui? *mammou* مامّو. Qui est venu? *Mammou ious ed* مامّو يوسد.

Qui, *oui* وي (masc.); *ti* تي (fém.); *ii* يي (masc. pl.); *tii* تيي (fém. pl.).

Quiconque, *oui* وي, *mammou* مامّو.

Quinze, *chared n ifessen* شارد ان يفسّن, mot à mot : trois mains (voir Notes gram., p. 31).

Quoi? *mai* ماي. Qu'est cela? *Mai aiouh* ماي ايوه. Qu'a-t-il dit? *Mai imlou* ماي يملو. Quoi que ce soit, *mai illa* ماي يلا.

R

Racine, *azour* ازور, pl. *izouran* يزوران.

Raconter, (imp.) *emmel* امّل; (aor.) *immelou* يمّلو; (n.v.) *imelai* يملاي.

Raie, *taserrit* تسرّيت, pl. *teserritin* تسرّيتين.

Raisin, *tezourit* تزوريت, pl. *lezourin* تزورين. Une grappe de raisin, *teziouait n tezourin* تزيوايت ان تزورين.

Raisins secs, *zemmouk* زمّوك, pl. *izemmouken* يزمّوكن.

Raison, *'eldk'el* العقل, *'elh'ak'k'* الحقّ. Il a raison, *elh'ak'k' dides* الحقّ ديدس, mot à mot : le droit avec lui.

Raser, (imp.) *er'ren* اغرن; (aor.) *ir'ren* يغرن; (n.v.) *ir'ran* يغران.

Rassis (pain), *ar'eroum insou* اغروم ينسو. mot à mot : pain qui a passé la nuit.

Rat, *khioul* خيول, pl. *ikhioulen* يخيولن.

Ravin, *talat* تالات, pl. *tilaten* تيلاتن.

Récolte, *temegra* تمڤرا (pour les grains), *isram* يسرام (pour les olives), *ink'at* ينقات (pour les dattes), *ibbai* يبّاي (pour les fruits en général).

Régime de dattes, *zioua* زيوا, pl. *iziouain* يزيواين.

Reine, *tajellit* تژليت, pl. *tejellidin* تژليدين.

Reins, *elmeslan* المسلان.

Rejoindre (se), *meseser* مسسر.

Remplir, (imp.) *etchchar* اتشّار; (aor.) *itechchar* يتشّار; (n.v.) *techcharit* تشّاريت.

Rendre, (imp.) *err* ارّ; (aor.) *irrou* يرّو; (n.v.) *irrai* يرّاي.

Repas, *an itchai* ان يچّاي, au moment de manger.

Répondre, (imp.) *err aoual* ارّ اوال, mot à mot : rendre les paroles.

Repos, *sar'di* ساغدي.

Reposer (se), (imp.) *ter'd* سغد;

(aor.) *iser'd* يسغد ; (n. v.) *sar'di* ساغدي.

Répudiée (femme), *temellef* تملّف, pl. *mellefnet* ملفنت.

Répudier, (imp.) *ellef* الّف ; (aor.) *illef* يلّف (n. v.) *illaf* يلّاف.

Respiration, *tanfout* تنفوت.

Respirer, *err tanfout* ارّ تنفوت, mot à mot : rendre la respiration.

Rester, (imp.) *k'im* قيم ; (aor.) *ik'im* يقّيم.

Rétif, *ih'arren* يحّرن (rac. ar. حرن).

Retrousser, (imp.) *khemmel* خمّل ; (aor.) *ikhemmel* يخمّل ; (n. v.) *khemmel* خمّل (ar.).

Rêve, *tirjet* تيرزت, pl. *tirja* تيرزا.

Rêver, *izzar di tirja* يزّار دي تيرزا.

Rhume, *idmaren* يدمارن, poitrine. Il a un rhume, *dis idmaren* ديس يدمارن, mot à mot : dans lui la poitrine.

Riche, *r'ers aitli* غرس ايتلي, mot à mot : chez lui le bien. *Ilechchar* يتشّار, il est rempli.

Richesse, *dounit* دُنيت, *bosi'a* بسطة (ar.).

Rideau, *aidoul* ايدول, pl. *iidoulen* ييدولن.

Rien, *mesala* مسالة (avec la négation) (ar.), *chera* شرا (avec la négation). Il n'a rien, *oul r'ers mesala* ول غرس مسالة. Je n'ai rien fait, *oul iggir' chera* ول يكّيغ شرا.

Rigole, *tat'ouent* تطونت, pl. *til'ouna* تيطونا.

Rincer, (imp.) *khodhkhodh* خضخض ; (aor.) *ikhodhkhodh* يخضخض ; (n. v.) *khodhkhodh* خضخض.

Rire, (imp.) *edhç* اضص ; (aor.) *idhçou* يضصو ; (n. v.) *tedhça* تضصا.

Rive, *aider* ايدر, pl. *idran* يدران.

Rivière, *ousef* وسف, pl. *iseffen* يسفن.

Rocher, *azrou* ازرو, pl. *izera* يزرا.

Rognon, *tejijilt* تزيزيلت, pl. *tejijal* تزيزال.

Roi, *ajellid* ازّليد, pl. *ijelliden* يزّليدن.

Rond, *imegergeb* يمڭرڭب.

Ronger, (imp.) *k'armech* قرمش ; (aor.) *ik'armech* يقرمش ; (n. v.) *k'armech* قرمش (arabe vulgaire قرمش).

Roseau, *r'anim* غانيم, pl. *ir'ounam* يغونام.

Rôti, *ikounaf* يكوناف. Mouton entier rôti, *asemfoud* اسمفود, mis à la broche (cf. ar. سقّد, embrocher).

Rôtir, (imp.) *eknef* اكنف ; (aor.) *iknef* يكنف ; (n. v.) *iknaf* يكناف.

Rotule, *tazeboubt n oufed* تزبوبت ان وفد, mot à mot : la rondelle du genou. Le mot *tazeboubt* signifie aussi le disque de bois qui termine le fuseau.

Rouge, *zougger'* زوڭّع, pl. *izouggar'en* يزروڭّافن.

Rougeole, *bou dellai* بودلّاي.

Rouille, *tenit* تنيت.

Route, *brid* بريد, pl. *ibriden* يبريدن.

Rue, *ar'ledh* اغلض, pl. *ir'eldhen* يغلضن.

Ruer, (imp.) *nekkes* نكّس ; (aor.) *inekkes* ينكّس ; (n. v.) *nekkes* نكّس (ar. نكّس, renverser, culbuter).

Ruine, *takhrib* تخريب, pl. *ikhriben* يخريبن (rac. ar. خرب).

Ruisseau, *tat'ouent* تطونت, pl. *ti-t'ouna* تيطونا.

S

Sable, *jidi* ژيدي.

Sabot du cheval, *elh'afer* الحافر (ar.).
— du bœuf, etc., *tafrenzit* تفرنزيت, pl. *tefrenza* تفرنزا.

Sabre, *sebat'et* سباطت, pl. *sebaïl* سبايط (spada). C'est le sabre courbe; le sabre droit s'appelle comme en arabe سيف.

Sac en laine ou en poil, *gidji* ڨيجي, pl. *igidjan* يڨيجان.

Sage-femme, *tamsirout* تمسيروت pl. *temsiriouin* تمسيريون (celle qui fait enfanter).

Saigner, *ekkes idemmen* اكس يدمّن mot à mot : ôter le sang.

Saigner du nez, (imp.) *sgounzer* يسڨونزر;(aor.)*isgounzer* سڨونزر (n. v.) *tegounzeri* تڨونزري (cf. ar. تغنزر).

Sale, *ilbodh* يلبض.

Salé, *dis tisent* ديس تيسنت, mot à mot : dans lui le sel.

Saler, *igg tisent* يڨّ تيسنت, mot à mot : mettre du sel.

Salive, *tekoufas* تكوفاس.

Salpêtre, *tisent n elbaroud* تيسنت ان البارود, mot à mot : sel de la poudre.

Sang, *idemmen* يدمّن (pl. sans sing.).

Sangsue, *t'it't'a* طمطا.

Sauter, (imp.) *ak'fez* اقفز; (aor.) *ik'fez* يقفز; (n. v.) *ik'faz* (ar.).

Sauterelle, *temourer'i* تمورغي (collect.).

Sauver (se), imp. *erouel* ارول; (aor.) *irouel* يرول;(n.v.) *taroula* تارولا

Savoir, (imp.) *essen* اسّن; (aor.) *issen* يسّن; (n. v.) *issan* يسّان.

Savon, *çaboun* صابون. Savon en pains, *çaboun h'adjeri* صابون حجري. Savon arabe, *çaboun iouzel* صابون يوزل, mot à mot : savon qui coule.

Scie, *tesetret* تسترت, pl. *tesater* تساتر (ar. tun. تسرة, scie à main).

Scorpion, *ter'ardemt* تغاردمت, pl. *tir'ourdam* تغوردام.

Seau en cuir, *ouga* وڨا, pl. *ijougen* يژوڨن.

Sec, *ik'k'er* يقّر, pl. *ak'k'ren* اقّرن.

Sécher (devenir sec), (imp.) *ak'k'er* اقّر; (aor.) *ik'k'er* يقّر; (n. v.) *tek'arit* تقاريت.

Sécher (faire sécher), (imp.) *sek'k'er* سقّر; (aor.) *isek'k'er* يسقّر; (n. v.) *tesek'k'ri* تسقّري.

Sein, *bibbich* بيبّيش, pl. *ibibbich* يبيبّيش.

Sel, *tisent* تيسنت. Sel en morceaux, *tisent ikerrain* تيسنت يكّراين, mot à mot : en pierres. Sel pilé, *tisent tezdhou* تيسنت ترضو.

Selle, *serdj* سرج (ar.).

Semaine, *legmet* لڨمت, pl. *teleg-matin* تلڨماتين (ar. جعة). Les sept jours de la semaine, *oufes ded sen n oussan n legmet* وفس دد سن ان وسان ان لڨمت.

Semailles, *an izzai* ان يزّاي (à l'ensemencement; rac. ezza).

Semelle, *tsila* تسيلا, pl. *tsilin* تسيلين.

Semence (graine), *aifs* ايفس.

Semer, (imp.) *ezza* ازّا; (aor.) *izza* يزّا; (n. v.) *izzai* يزّاي.

Semoule, *iferchain* يفرشاين ; *izrar* يزرار.

Sentier, *elmesreb* المسرب (ar.).

Sentir, (imp.) *ekk* اكّ ; (aor.) *ikkou* يكّو ; (n. v.) *ikkai* يكّاي.

Serment, *iggal* يڭّال.

Serpent, *telifsa* تليفسا, pl. *telifsiouin* تليفسيوين.

Serrer, (imp.) *ezm* ازم ; (aor.) *izmou* يزمو ; (n. v.) *izmai* يزرماي.

Serrure en bois, *bougel* بوڭل, pl. *ibouglaoun* يبوڭلاون (racine *agel*, accrocher).

Serrurier, *oui n ibouglaoun* وي ان يببوڭلاون mot à mot : celui des serrures.

Seuil, *tesanent* تساننت, pl. *tesounan* تسونان.

Seulement, *kan* كان.

Sieste, *izzal* يتّرال.

Sieste (faire la), (imp.) *azzel* ازّل ; (aor.) *izzel* يتّرل ; (n. v.) *izzal* يتّرال.

Signe de la main, *ioumai* يوماي (rac. ar. اوماً). Signe (grain de beauté), *khali* خالى (ar.).

Signe (faire), *ououma* ووما ; (aor.) *iouma* يوما ; (n. v.) *ioumai* (وماً يوماي (ar.).

Silence, *sousemi* سوسمي.

Silencieux, *isousem* يسوسم.

Sillon, *brid n illi* بريد ان يلّي mot à mot : le chemin de la charrue.

Six, *oufes d oudjoun* وفس د وجون.

Soc, *tegirsa* تڭيرسا, pl. *tegirsiouin* تڭرسيوين.

Sœur, *oultem* ولتم, pl. *tesetem* تستم.

Soie, *lifest* ليفست.

Soif, *fad* فاد.

Soif (avoir), (imp.) *effed* افّد ; (aor.) *iffed* يفّد ; (n. v.) *iffad* يقّاد.

Soir, *temeddit* تمدّيت (après-midi), *lesemsin* تسمسين (après le coucher du soleil) (v. Notes gramm., p. 36).

Soleil, *toufout* توفوت.

Sommet, *ir'f* يغف, pl. *ir'faoun* يغفاون.

Sorcière, *tategazet* تتڭازت, pl. *tetegazin* تتڭازين (cf. ar. vulg. tun. نكّازة, diseuse de bonne aventure).

Sortir, (imp.) *effer'* افغ ; (aor.) *iffer'* يفغ.

Souffie, *adhou* اضو (Ifren) ; *at'ou* اطو (Fossato).

Soufflet, *abek'k'a* ابقّا, pl. *ibek'k'ain* يبقّاين.

Souffrir, (impr.) *ât'ob* عطب ; (aor.) *idt'ob* يعطب ; (n.v.) *idt'ab* يعطاب (n. v.). La tête me fait souffrir, *ir'f ennou iter'enni* يغف انو يتغتّي.

Soulier, *erkas* اركاس, pl. *irkasen* يركاسن.

Soupçonner, *dhoun* ضون ; (aor.) *idhoun* يضون ; (n. v.) *dhouni* ضوني (arabe ظنّ).

Soupe, *askaf* اسكاف, pl. *iskafen* يسكافن ; *belilou* بليلو. Ce dernier mot s'emploie pour une soupe aux pâtes et à la viande.

Source, *t'il'* طيط, pl. *t'il'aouin* طيطاوين.

Sourcil, *elh'adjeb* الحاجب (ar.).

Sourd, *oul isal* ول يسال, il n'entend pas.

Souris, *agerdi* اڭردي, pl. *igerdan* يڭردان (cf.ar. جرد) rat des champs).

Sous (monnaie), *elflous* الفلوس

(ar.), *'idrimen* يدريمن (ar.) (دراهم),
irek'ik'en يرقيقن (ar.).
Sous, *s addou* سادو. Sous lui, *s addouas* سادواس. Sous la terre,
s addou tamourt' سادو تامورط.
Souvenir (se), (imp.) *h'kel* حكل ; (aor.)
ih'kel يحكل ; (n. v.) *ih'kal* يحكال.
Stérile, *oul tekhougga* ول تخوگا
(mot à mot: elle ne porte pas); *tâ-
k'imit* تعقيميت, pl. *tâk'imin*
تعقيمين (ar. عقيم).
Subsistance, *temeddour't* نمدّورت.
Sucer, (imp.) *ezem* ازم ; (aor.) *izmou*
يزمو ; (n. v.) *izmai* يزماي.
Sucre, *soukkor* سكر.
Sud, *elk'iblet* القبلت (ar. قبلة).
Suer, (imp.) *edded* الدّ ; (aor.) *idded*
يدّد ; (n. v.) *tidi* تيدي.
Sueur, *tidi* تيدي.
Suie, *elr'ondj* الغنج (ar.).
Suivre, (imp.) *aout'* اوط ; (aor.) *iouot'*
يواط ; (n. v.) *iouat'* يوط.
Sultan, *ajellid* اژليد, pl. *ijelliden*
يژليدن, et *ijeldan* يژلدان.
Supérieur, *minedj* مينج.
Sur, *af* اف, *r'ef* غف. Sur la mon-
tagne, *af drar* اف درار. Sur lui,
r'efs غفس (v. Notes gramm., p. 34
et 35).
Surnom, *azouar* ازوار, pl. *izouaren*
يزوارن. Son surnom est Zouli,
azouar ennes Zouli ازوار انّس زولى
زولى.

T

Tablier de cuir, *lah'azamil*
نحزاميت, pl. *leh'azamin*
نحزاميين (ar. حزام). Le mot *tha-
bentha* des Zouaoua, qui paraît
n'être qu'une métathèse du mot *ta-*

bel'l'ant, peau de mouton, n'existe
pas chez les Nefousa.
Taire (se), (imp.) *sousem* سوسم ; (aor.)
isousem يسوسم ; (n. v.) *sousemi*
سوسمي.
Taille, *tiddi* تيدّى.
Talon, *inerz* ينرز, pl. *inerzan* ينرزان.
Tamis, *adjedoual* اجدوال, pl. *idje-
doualen* يجدوالن. Tamis fin pour
la farine, *talloumt* تلّومت, pl.
telloumin تلّومين.
Tau, *tainer't* تاينغت. Ce mot désigne l'écorce d'aubépine saha-
rienne (جدارى) employée pour
tanner (cf. Duveyrier, *Les Touareg
du nord*, p. 160).
Tanner, *deber'* دبغ ; (aor.) *idber'*
يدبغ ; (n. v.) *idbar'* يدباغ (ar.).
Tante paternelle, *oultemis n baba*
ولتميس ان بابا ; *belli* بتّي.
— maternelle, *oultemis n emmi*
ولتميس ان امّي.
Tapis, *abeloum* ابلوم, pl. *ibeloumen*
يبلومن.
Tard (il est), *ass iougour* اسّ يوڤور,
mot à mot: le jour a marché.
Tarder, *âl'l'el* عطل ; (aor.) *iâl'l'el*
يعطل ; (n. v.) *âl'l'el* عطل (ar.
عطل).
Tas, *gouda* ڤودا, pl. *igoudain*
يڤوداين.
Tatouage, *tenk'il'in* تنقيطين.
Tatouer, (imp.) *nek'k'el'* نقط ; (aor.)
inek'k'el' ينقط ; (n. v.) *nek'k'el'*
نقط.
Taureau, *founas* فوناس, pl. *ifounasen* يفوناسن.
Teigne, *elk'obb* القبّ (ar.).
Teindre, (imp.) *r'emm* غمّ ; (aor.)
ir'emm يغمّ ; (n. v.) *r'emmi* غمّى.

11

Teinture, *r'oummi* غومّي.

Teinturier, *ar'emmai* اغمّاى, pl. *ir'em-main* يغمّايَن.

Témoin, **chahed* شاهد (ar.).

Témoigner, *echehed* اشهد (ar.).

Tempe, **esder'* اسدغ, pl. **isdar'en* يسداغن (ar. صدغ).

Temps, **zeman* زمان (ar.).

Ténèbres, *tallast* تلّاست.

Tenir, (imp.) *et't'ef* اطّف ; (aor.) *it't'ef* يطّف ; (n. v.) *it't'af* يطّاف.

Tente, *birgen* بيبرقن, pl. *ibirgan* يبيبرقان.

Terminer, (imp.) **ek'da* اقدا ; (aor.) **ik'da* يقدا ; (n. v.) *'ik'dai* يقداي. On dit également : *ek'ta* اقتا (ar. قضى).

Terrain cultivé, *tir'i* تيغي, pl. *ter'iouin* تغيوين.

→ en friche, **h'ail* حايل (ar.).

Terrasse, *afouj* أفوژ, pl. *ifoujen* يفوژن.

Terre, *tamourt'* تمورط, pl. *temoura* تمورا et *temouraouin* تموراوين. Ce dernier pluriel s'emploie surtout pour désigner une vaste étendue de terre.

Tertre, **tekidouet* تكيدوت, pl. **tekedouatin* تكدواتين (ar. كدية).

Testicule, *taoul'idt* توطيعت, pl. *taoul'idin* توطيعين (v. OEuf).

Tétard, *zor'lan* زغلان (en ar. alg. زغلاش).

Tête, *ir'f* يغف, pl. *ir'faoun* يغفاون.

Téter, (imp.) *enbi* انبى ; (aor.) *inbi* ينبى ; (n. v.) *inbai* ينباي.

Thym, *ar'raz* اغراز ; *zeri* زري.

Tibia, *tebga* تبگا, pl. *tebgiouin* تبگيوين.

Tirer de l'eau, (imp.) *enzer'* انزغ ;
(aor.) *inzer'* ينزغ ; (n. v.) *inzar* ينزاغ.

Tison, **elmah'mech* المحمش (ar.).

Tisser, (imp.) *zot'* زط ; (aor.) *izt'ou* يزطو ; (n. v.) *tezet'oui* تزطوي.

Toi (v. Notes gram., p. 17).

Toile, **elkettan* الكتّان.

Toison, *ilis* يليس, pl. *ilisen* يليسن.

Toit (feu), **miri* ميري, pl. **imiran* يميران ; (en voûte), *kamour* كامور, pl. *ikoumar* يكومار.

Tomate, **tmal'em* تماطم (ar.).

Tombeau, *zekka* زكّا, pl. *izekkouen* يزكّون.

Tomber, (imp.) *oul'a* وطا ; (aor.) *iout'a* يوطا ; (n. v.) *it't'ai* يطاي.

Tomber (faire), (imp.) **soul'a* سوطا ; (aor.) *isoul'a* يسوطا ; (n. v.) *tesel'oui* تسطوي.

Tondre, (imp.) *elsi* السي ; (aor.) *ilsi* يلسي ; (n. v.) *ilsai* يلساي.

Tonnerre, *idjag* يجاگ.

Tordre, (imp.) **ebren* ابرن ; (aor.) *ibren* يبرن ; (n. v.) *ibran* يبران (cf. ar. برم).

Tortue, *tafekrounet* تفكرونت, pl. *tefekrounin* تفكرونين (cf. ar. alg. فكرون).

— de mer, *amerridou* امرّيدو, pl. *imerridiouin* يمرّيديوين (v. Berceau).

Toucher, (imp.) *djerr* جرّ ; (aor.) *idjerr* يجرّ ; (n. v.) *djerri* جرّي.

Tourner, (imp.) *ennel'* انّط ; (aor.) *innel'* ينّط ; (n. v.) *innal'* ينّاط.

Tourterelle, *temalla* تمالّا, pl. *temalliouin* تمالّيوين.

Tousser, (imp.) **koh'* كح ; (aor.) *ikoh'* يكح

; (n. v.) *koh'i* كحي (ar. vulg.
كح, tousser légèrement).

Tout, *ak* اك. Il vient tous les jours,
itased ak ass يتاسد اك امس.

Traîner, (imp.) *sesredh* سسرض ;
(aor.) *isesredh* يسسرض ; (n. v.)
sesredh سسرض (ar. alg. سوط,
faire défiler).

Traire, (imp.) *ezzeg* أزّك ; (aor.) iz-
zeg يزّك ; (n. v.) *izzag* يتزّاك.

Travail, *elkhidmet* الـخدمت, *tou-
khedma* تُخدما (ar).

Traverser, (imp.) *enkodh* انكض ; (aor.)
inkodh ينكاض ; (n.v.) *inkadh*
(cf. rac. ar. نقض).

Trembler, (imp.) *erjij* ارزيز ; (aor.)
irjij يرزيز ; (n.v.) *terjajat*
ترزازات (cf. rac. ar. رج, trembler).

Tresse de cheveux, *djekourt* جكورت,
pl. *djekirin* جكيرين (ar. شكيرة).
— de cordes, *douri* دوري.

Tresser une corde, (imp.) *eder* ادر ;
(aor.) *idrou* يدرو ; (n. v.) *idrai*
يدراي.

Tripes, *idan* يدان.

Trois, *chared* شارد, f. *charet* شارت.

Tromper, (imp.) *zouer* زور ; (aor.)
izouer يزرور ; (n. v.) *izouar* يزروار.

Tromper (se), (imp.) *ârek* عرك ; (aor.)
idrek يعرك ; (n. v.) *idrak* يعراك
(ar.).

Trotter, (imp.) *egreb* اكرب ; (aor.)
igerreb يكرب ; (n.v.) *igrab* يكراب
(ar.).

Trou, *ouk'dou* وقدو, pl. *ik'diin*
يقديـين.

Tirer l'eau, (imp.) *tesekhouet'* تسخوط ;
(aor.) *itesekhouet'* يتسخوط ;
(n. v.) *tesekhouit'* تسخويط (arabe
خوض).

Troupe, *tah'açbounet* تحصبونت, pl.
tah'açbounin تحصبونين (probablement de la rac. ar. حرب, se
réunir en troupe) ; *tarbât* تربعت,
pl. *terbâin* تربعين (ar. ربع).

Troupeau de chameaux, de moutons
de chèvres, *tar'eslit* تغسليت, pl.
ter'esliin تغسليين.

— de bœufs, *alkour* الكور, pl. *al-
kouar* الكوار (ar. كور).

Trouver, (imp.) *af* اف ; (aor.) *ioufou*
يوفو ; (n. v.) *affai* اقاي.

Tuer, (imp.) *enr'* انغ ; (aor.) *inr'ou*
ينغو ; (n. v.) *inr'ai* ينغاي.

Tuerie, *temenr'iout* تمنغيوت.

Turban, *tazemalt* تزمالت, pl. *teze-
malin* تزمالين (ar. زمالة).

U

Un, *oudjoun* وجون (se place toujours après le nom). Un bœuf, *founas oudjoun* فوناس وجون.

Une, *oudjout* وجوت. Une lionne,
touaret oudjout توارت وجوت.

Urine, *ibezit'en* يبزيطن.

Uriner, (imp.) *bezet'* بزط ; (aor.) *ibezet'* يبزط ; (n. v.) *ibezat'* يبزاط. En
parlant d'un enfant, on dit, *bechch*
بش, *ibechch* يبش.

Usage, *esseber* السمبر (ar. سبر).

Ustensiles, *errer'let* ارغلت (ar.).

V

Vache, *tefounast* تفوناست, pl. *te-
unasin* تفوناسين.

Vacher, *nilti n tefounasin* نيلتي ان تفوناسين.

Vagin, *ak'ezzouz اقزوز, pl. ik'ezzaz يقتّزاز (cf. rac. ar. قتّر).

Vaincre, (imp.) erni ارني: (aor.) irna يرنا; (n. v.) irnai يرناي.

Vanner, (imp.) zouzzer زوزّر; (aor.) izouzzer يزوزّر; (n. v.) zouzzer زوزّر.

Veau, br'ou بغو, pl. ibr'iin يبغيبين.

Végétation, ir'mai يغماي, de la racine r'mi غمي, croître, pousser.

Veine, azour ازور, pl. izouran يزوران.

Vendeur, amzenzai امزنزاي.

Vendre, (imp.) zenz زنز; (aor.) izenz يزنز; (n. v.) zenzi زنزي.

Vendredi, ass n legmet اس ان لگمت.

Venger, iour'ou idemmen يوغو يدمّن, mot à mot : il a pris le sang.

Venir, (imp.) as ed اسد; (aor.) iousoù يوسو; (n. v.) assai اسّاي.

Vent, al'ou اطو. Vent chaud, al'ou izer'el اطو يزغل.

Ventre, tiddist تيدّيست, pl. tedisa تدّيسا.

Ver, tekitcha تكيچا, pl. tekitchaouin تكيچاوين. Ver de bois, timdi تيمدي. Ver intestinal, inchel ينشل, pl. inchelen ينشلن.

Verdir, (imp.) tezizou تزيزو; (aor.) itezizou يتزيزو; (n. v.) tezizouit تزيزويت.

Verdure, tezizoul تزيزوت.

Vérole (petite), tazerzait تزرزايت. Marqué de la petite vérole, imkhetrech يمختترش.

Verrou, *tesekkart تسكّارت, pl. *tesoukarin تسوكارين (ar. vulg. سكّارة).

Vers (prép.), in يـن.

Versant, oudem ودم, pl. oudmaoun ودماون. Le versant septentrional, oudem abah'ri ودم البحري.

Verser, (imp.) enr'el انغل; (aor.) inr'el ينغل; (n. v.) inr'al ينغال.

Vert, azizaou ازيزاو, pl. izizaoun يزيزاون.

Vessie, *tanboull تنبولت, pl. *tenboulin تنبولين (ar. مبولة).

Vêtement, irouat يروواط (collect.).

Vêtir, (imp.) erouet اروظ; (aor.) irouet يروط; (n. v.) irouat يروواط.

Veuf, addjal اجّال, pl. iddjalen يجّالن (cf. ar. vulg. هجّال).

Viande crue, ousem وسم.

— cuite, isan يسان.

— séchée au soleil, *touk'eddidet تقدّيدت (ar. قديد).

— salée au beurre, tagergouchet تگرگوشت, pl. tegergach تگرگوشت (cf. ar. alg. نقرقش, se dessécher, se racornir).

Vide, *ifrer' يفرغ (ar.).

Vider, *sefrer' سفرغ, forme fact. de efrer', être vide.

Vie, temeddour't تمدّورت.

Vieille (adj.), taoussert توستّرت, pl. touousserin توستّرين.

Vieille femme, toussert توستّرت, pl. toussarin توستّارين.

Vieillesse, touseri توسري.

Vierge, *tidzzebt تعزّبت, pl. tidzzebin تعزّبين (rac. ar. عزب).

Vieux, ousser وستّر, pl. ioussaren يوستّارن; amok'ran امقران, pl. imok'ranen يمقرانن.

Vigne, lezourit لزوريت, pl. lezourin لزورين.

Vilain, *oul iah'li ول يحلى (arabe حلا).

Village, *tik'sebt تقسمت, pl. *le-k'esbin تقسبين (ar. قصبة).

Ville, *r'asrou غاسرو, pl. *ir'asra يغاسرا (ar. قصر); *tamdint تمدينت, pl. *temednin تمدنين (ar. مدينة).

Vingt, okkoz n ifessen اكّز ان يفسّن.

Vipère, telifsa تليفسا, pl. telifsiouin تليفسيوين.

Vipère à cornes, telebt'art تلبطرت, pl: telebt'rin تلبطرين (cf. ar. بتّر, anéantir, détruire?).

Visage, oudem ودم, pl. idmaoun يدماون.

Visiter, (imp) *zar زار; (aor.) *izar يزار; (n. v.) *zari زاري (ar.).

Vite, tirou tirou تيرو تيرو.

Vivre (être en vie), (imp.) edder اقرّ; (aor.) idder يقّر; (n. v.) iddar يقّار.
— (se nourrir), (imp.) sedder سقّر; (aor.) isedder يسقّر; (n. v.) teseddari تسقّري.

Voici, akettou اكتّو.

Voile de femme, telaba تلابا, pl. telabaouin تلاباوين et teloubaou تلوباه.

Voir, (imp.) zer زر; (aor.) izrou يزرو; (n. v.) izrai يزراي.

Voisin, *djar جار, pl. eldjiran الجيران.

Voix, *tegourjema تڭرژما (ar. vulg. ڢرجومة, gorge).

Vol, touk'ert'a توقرطا.

Voler (prendre), (imp.) aker اكر; (aor.) iouker يوكر; (n. v.) touk'ert'a توقرطا.

Voler, (imp.) *far فار; (aor.) ifar يغار; (n. v.) teferferi تڢرڢري (cf. arabe ڢرڢر).

Voleur, mek'ret مقرت, pl. imk'orten يمقرتن.

Vouloir, (imp.) er's اغس; (aor.) ir'es يغس; (n. v.) ir'sai يغساي.

Vons, chekouen شكون, fém. chek-mat شكمت (v. Notes gram., p. 17 et suiv.).

Voûte, kamour كامور, pl. ikoumar يكومار.

Voyage, terzeft ترزڢت, pl. lerzaf لرزاف.

Voyager, (imp.) erzef ارزف; (aor.) irzef يرزف; (n. v.) terzeft ترزڢت.

Voyageur, amerzaf امرزاف, pl. imerzafen يمرزاڢن.

Vue, izrai يزراي.

ERRATA

Page 3, ligne 7 et p. 4, l. 17, au lieu de *tilefsa,* lire *telifsa.*
— 11, ligne 11, au lieu de *ir'ellen,* lire *ir'allen.*
— 17, ligne 27, au lieu de *nechehen,* lire *nechchen.*
— 21, ligne 27, au lieu de : qui ont deux consonnes, lire : qui ont *plus de* deux consonnes.
Page 31, ligne 18, au lieu de *okkoz,* lire *charet.*
—   ligne 19, au lieu de *charet,* lire *okkoz.*
— 39, note 1, au lieu de *ir'asrar,* lire *ir'asra.*
—   note 20, au lieu de *asa,* lire *as d.*
— 40, ligne 6, au lieu de *ouhour,* lire *ougour.*
— 41, ligne 9, au lieu de *ouh,* lire *iouh.*
—   —   au lieu de *alid si a illar',* lire *ialli si allar'.*
— 42, note 24, au lieu de : énumération, lire : de numération.
— 44, ligne 2 et p. 47, ligne 19, au lieu de *idrous,* lire *edrous.*
— 69, ligne 25, au lieu de *iousen,* lire *ioused.*
— 70, note 4, lire *tamechkant,* au lieu de *tamok'rant.*
— 72, ligne 8, après « Là vous entrerez dans le moudiriat d'Ifren », ajouter comme titre du chapitre qui suit : Chapitre concernant le moudiriat d'Ifren.

Dans cet erratum ne sont pas indiqués quelques accents tombés et que le lecteur rétablira aisément.

TABLE DES MATIÈRES

Imp. Camis et Cie, Paris. — Section orientale A. Burdin, Angers.

ERNEST LEROUX, ÉDITEUR, rue Bonaparte, 28

PUBLICATIONS
DE L'ÉCOLE DES LETTRES D'ALGER

BULLETIN DE CORRESPONDANCE AFRICAINE

BULLETIN DE CORRESPONDANCE AFRICAINE

1882-1886. 20 fascicules (tout ce qui a paru). 50 fr.

ANGERS. — IMP. BURDIN, SECTION ORIENTALE DE L'IMPRIMERIE CAMIS ET Cie, PARIS.

PUBLICATIONS DE L'ÉCOLE DES LETTRES D'ALGER

BULLETIN DE CORRESPONDANCE AFRICAINE

LE DJEBEL NEFOUSA

TRANSCRIPTION, TRADUCTION FRANÇAISE ET NOTES

AVEC

UNE ÉTUDE GRAMMATICALE

PAR

A. DE CALASSANTI-MOTYLINSKI

PROFESSEUR A LA CHAIRE D'ARABE DE CONSTANTINE

DIRECTEUR DE LA MEDRESA

PARIS

ERNEST LEROUX, ÉDITEUR

28, RUE BONAPARTE, 28

1899

XXII. — Fascicules II-III.

ERNEST LEROUX, ÉDITEUR, rue Bonaparte, 28

PUBLICATIONS DE L'ÉCOLE DES LETTRES D'ALGER

BULLETIN DE CORRESPONDANCE AFRICAINE

BULLETIN DE CORRESPONDANCE AFRICAINE

1882-1886. 20 fascicules (tout ce qui a paru) . . 50 fr.

IMP. CAMIS ET Cie, PARIS. — SECTION ORIENTALE A. BURDIN, ANGERS.